Athanase Cucheval-Clarigny

L'Union latine et la Nouvelle conférence monétaire

Histoire

ISBN : 978-1721144723

10 9 8 7 6 5 4 3 2 1

Athanase Cucheval-Clarigny

L'Union latine et la Nouvelle conférence monétaire

Histoire

Table de Matières

I. L'UNION LATINE — 7

II. LA NOUVELLE CONFÉRENCE MONÉTAIRE — 32

I. L'UNION LATINE

Essayons de démêler les intérêts divers qui s'agitent, en ce moment, autour de la question monétaire. Recherchons en même temps pourquoi chaque année ramène une campagne contre le maintien de l'Union latine, c'est-à-dire du pacte monétaire qui lie la France, la Belgique, la Suisse, l'Italie et la Grèce, et pourquoi on voit se renouveler périodiquement la tentative d'imposer à l'Europe l'examen d'une question plusieurs fois tranchée. Le monde commercial est-il donc atteint d'un mal si violent qu'il ne s'en puisse guérir par sa vitalité propre ? On le croirait volontiers à en juger seulement par la vivacité et la persistance des plaintes que l'agriculture et certaines industries font entendre dans quelques-uns des États européens et au-delà de l'Atlantique.

Après une longue quiétude, dont on s'accorde à reporter le mérite à la loi du 7 germinal an XI, c'est-à-dire à l'équitable transaction qui avait déterminé en France le rapport de valeur entre l'or et l'argent, et qui avait reçu l'assentiment implicite de la plupart des autres nations, notre siècle a vu s'accomplir à quelques années d'intervalle, et en sens inverse l'une de l'autre, deux révolutions monétaires presque égales en importance à celle qui a suivi la découverte de l'Amérique. Le commerce universel se ressent encore de la double secousse qu'en ont éprouvée toutes les transactions, ainsi que des fluctuations rapides autant que considérables qu'ont subies les valeurs de toute nature.

Pendant la première moitié de ce siècle, l'Angleterre a été le seul pays où les affaires se réglassent en or et qui possédât une quantité assez considérable de ce métal pour suffire à toutes les transactions. En France, sous le gouvernement de juillet, en dépit de l'incontestable richesse et de la prospérité du pays, l'or était invisible : il ne s'en trouvait que chez les changeurs à qui il fallait l'acheter moyennant une prime qui oscillait entre 0,60 et 1 pour 100, mais qui s'élevait très vite, dès qu'il s'agissait d'un besoin un peu considérable. La découverte des gisements aurifères de la Californie a changé cette situation, comme par un coup de la baguette des fées : l'or arriva en abondance en Europe, surtout dans les pays riches comme la France, et vint frapper à la porte de tous les hôtels des monnaies. Bientôt après, les mines de l'Australie, bien qu'exploitées par les procédés les plus primitifs, rivalisèrent avec la Californie pour l'exportation du précieux métal, dont la production se trouva brusquement décuplée. On s'alarma de cette abondance extrême : on pensa que de pareilles masses d'or ne pouvaient être incessamment déversées sur l'Europe, sans déprécier la valeur de ce métal. Le cri d'alarme fut jeté ici même par un économiste éminent, chez qui la science n'avait pas affaibli la vivacité de l'imagination. Il demanda, comme une mesure urgente et de toute nécessité, la démonétisation immédiate de ces pièces d'or qui commençaient à peine à circuler : tout retard devait avoir pour conséquence une perte considérable pour l'État et pour le public. Il pouvait, du reste, invoquer à l'appui de son argumentation la conduite de quelques États qui, par une hâte inconsidérée qu'ils eurent sujet de regretter, s'empressèrent de démonétiser leurs pièces d'or.

Malgré l'exemple que lui donnaient ces États, et notamment la Hollande et la Belgique, le gouvernement français appréhenda d'apporter trop de précipitation en cette grave affaire : il voulut prendre conseil des faits, et renvoya l'étude de la question à une commission d'enquête. Celle-ci procéda avec la lenteur caractéristique des commissions françaises, et conclut à l'ajournement de toute mesure. Elle constatait, dans son rapport, que l'or n'avait subi aucune dépréciation, malgré les quantités considérables que la France en avait reçues, que par conséquent il n'y avait pas lieu d'agir. Cette conclusion n'avait lieu de surprendre que les gens qui ne prenaient pas la peine de réfléchir. L'or ne se dépréciait pas, malgré son abondance soudaine, parce qu'il satisfaisait à un besoin impérieux d'une nation riche et populeuse. Avant 1848, lorsqu'il n'y avait en France ni or ni billet de banque au-dessous de 500 francs, le modeste employé qui touchait 300 francs au bout du mois avait à emporter chez lui un poids d'un kilogramme et demi pour lequel aucune poche n'était ni assez grande ni assez solide. L'or de la Californie venait donc combler à propos une lacune de notre circulation : il venait occuper une place vide.

La sage temporisation du gouvernement français mérite d'autant plus d'éloges que l'afflux de l'or coïncidait avec une raréfaction temporaire de l'argent qui pouvait faire illusion, et qui explique l'erreur où plusieurs États étaient tombés. Les relations commerciales de l'Europe avec l'extrême Orient n'avaient cessé de se développer depuis que les portes de la Chine avaient été ouvertes à coups de canon, et les affaires avec les Orientaux ne pouvaient se régler qu'en argent. L'exportation de l'argent s'accrut dans des proportions considérables lorsque, par suite de la guerre civile des États-Unis, l'Europe dut demander à l'Egypte, à l'Inde, à l'Indo-Chine les matières premières que la république américaine ne lui fournissait plus et, en première ligne, le coton. Les arrivages d'argent étant insuffisants, l'Angleterre dut s'adresser au continent, et les pièces de cinq francs de la Belgique, de la France, de la Suisse furent activement recherchées pour être fondues et transformées en roupies ou en lingots : bientôt ces opérations s'étendirent jusqu'aux pièces de deux francs, qui furent mises au creuset. Grâce à son énorme approvisionnement en monnaie d'argent et à la diffusion de la monnaie d'or, la France n'éprouva point de ces faits une gêne appréciable ; cependant, le gouvernement essaya de mettre un terme à ces opérations en faisant revivre une ancienne loi qui interdit sous des peines sévères de fondre les monnaies nationales, et des poursuites furent instituées contre des commerçants en métaux. La Suisse, moins bien pourvue de numéraire que la France, souffrit davantage, et la disparition de la monnaie divisionnaire y apporta un trouble notable dans les petites transactions. Le gouvernement fédéral pensa que le plus sûr moyen de protéger la monnaie divisionnaire contre la fonte était d'en affaiblir le titre de façon à faire disparaître le bénéfice de l'opération. Une loi du 31 janvier 1860 abaissa à huit dixièmes la proportion de l'argent dans la frappe des pièces divisionnaires.

La mesure était efficace, mais elle avait un inconvénient grave, dont la Suisse ne tarda pas à s'apercevoir. Rien n'était plus facile, dans la zone frontière, que de se procurer des pièces suisses de deux francs du nouveau titre et de les échanger en France contre des pièces françaises au titre de neuf dixièmes de fin, dont on aurait retiré un dixième d'argent pur avant de les faire remonnayer en Suisse, et cette opération fructueuse aurait pu se renouveler indéfiniment au détriment de la France qui se serait vue envahie par une monnaie divisionnaire inférieure à la sienne. Le gouvernement français y coupa court en interdisant aux caisses publiques de recevoir désormais les pièces divisionnaires suisses ; la Banque de France et les établissements de crédit les repoussèrent également, et leur exemple fut bientôt suivi par les particuliers. La Belgique et l'Italie, dont les monnaies étaient au même titre que les monnaies françaises, prirent des mesures analogues. Il en résulta un grand trouble dans les relations de la Suisse avec ses voisins, et des deux côtés de la frontière le commerce de détail ne tarda point à se plaindre.

Ces plaintes ouvrirent les yeux aux gouvernements et aux particuliers et leur firent mesurer de quels avantages ils avaient joui, sans les apprécier et peut-être sans s'en rendre compte. La domination de Napoléon, bien que passagère, avait eu pour conséquence d'établir l'uniformité des monnaies dans toute l'étendue de son vaste empire : des bouches de l'Escaut au détroit de Messine, on rencontrait partout les mêmes monnaies, frappées au même titre, et l'on n'avait de change à supporter nulle part. Au contraire, passait-on le Rhin : on rencontrait en Allemagne huit systèmes monétaires différents, et l'on avait fait le calcul que, sans solder aucun achat ni aucune dépense, par le seul effet des huit changes qu'il était possible de lui faire subir, en territoire allemand, une pièce de vingt francs, changée pour la première fois à Bade, pouvait être presque entièrement absorbée avant l'arrivée à Berlin. Les États occidentaux, par des atteintes individuelles au régime dont ils avaient éprouvé les avantages, allaient-ils dériver, à leur tour, vers l'anarchie monétaire ?

On put l'appréhender quelque temps, lorsqu'au bout de dix-huit mois seulement, on vit l'Italie, par les mêmes motifs que la Suisse, décider à son tour, par la loi du 24 août 1862, l'affaiblissement de sa monnaie divisionnaire, mais en adoptant un titre supérieur à celui des monnaies helvétiques, le titre de 835 millièmes de fin, qui est le titre des monnaies divisionnaires de l'Angleterre et des États-Unis. Puis ce fut le tour de la France, qui, par la loi du 25 mai 1864, adopta le titre de 835 millièmes de fin, mais seulement pour les pièces de 0 fr. 50 et de 0 fr. 20, sans toucher à celles de 1 franc et de 2 francs. On rencontrait donc déjà dans la circulation trois pièces de 1 franc et trois pièces de 2 francs, de la même valeur nominale, mais de trois titres différents, 800 millièmes pour la Suisse, 835 millièmes pour l'Italie, 900 millièmes pour la France. La Belgique, seule, demeurait complètement fidèle au système monétaire napoléonien, et c'était pour son gouvernement un sujet de préoccupation. Dès 1861, M. Nothomb avait demandé avec insistance qu'on adoptât le même régime que la Suisse, mais on lui répondait qu'en raison de la position géographique de la Belgique et de l'étendue de ses relations avec la France, c'était l'uniformité avec cette puissance qu'il importait surtout de maintenir. La Belgique fit donc, en vue d'une action commune, des ouvertures au gouvernement français, qu'elle trouva animé des idées les plus larges et les plus libérales. Ce n'est que justice de rendre ici hommage à un homme éminent, qui avait fait des questions monétaires l'étude la plus approfondie et qui exerça une influence décisive sur la marche et l'issue des négociations. M. de Parieu, qui avait combattu avec succès la démonétisation de l'or, dans lequel il voyait, au contraire, l'étalon unique de l'avenir, s'autorisait de l'introduction du système décimal dans les monnaies d'un grand nombre d'États pour réclamer un nouveau progrès. Il se déclarait hautement partisan d'une monnaie uniforme pour toutes les nations, et dans de nombreux écrits il ne cessait de faire ressortir l'action favorable que cette uniformité exercerait sur le développement des relations internationales. Ces idées, qu'on a trop perdues de vue depuis cette époque, gagnaient du terrain et, sous l'influence de l'opinion publique, les gouvernements occidentaux consentirent à étudier la possibilité d'assurer au moins une uniformité partielle par un accord international. Les ouvertures de la France ayant été favorablement accueillies par ses voisins immédiats, une conférence fut convoquée et se réunit à Paris, le 20 novembre 1865. La France, la Belgique, la Suisse et l'Italie y prirent part : postérieurement la Grèce demanda et fut admise à accéder aux résolutions adoptées. M. de Parieu et M. Pelouze, président de la commission des monnaies, représentaient notre gouvernement.

Six séances suffirent pour transformer en une convention définitive l'accord préalable qui s'était établi entre les gouvernements. Cette convention ne comprenait que quinze articles très simples, dont le premier indiquait clairement l'objet que s'étaient proposé les contractants : « La Belgique, la France, l'Italie et la Suisse, disait cet article, sont constituées à l'état d'union pour ce qui regarde le poids, le titre, le module et le cours de leurs espèces monnayées d'or et d'argent. Il n'est rien innové, quant à présent, dans la législatîon relative à la monnaie de billon, pour chacun des quatre États. » Le nom d'*Union latine*, sous lequel on désigne habituellement la collectivité des États signataires de la convention, est, on le voit, parfaitement exact. Les contractons prenaient l'engagement de ne laisser fabriquer à leur empreinte aucune monnaie d'or ou d'argent dans d'autres types que ceux nominativement désignés et en dehors des conditions de poids, de titre, de tolérance et de diamètre déterminés par la convention. Les pièces fabriquées par un des quatre États devaient être reçues dans les caisses publiques des autres contractants, sous la réserve d'exclure celles que le frai aurait réduites au-dessous d'un certain poids. Le titre de 835 millièmes de fin était adopté pour la monnaie divisionnaire, ce qui entraînait pour les États dont les monnaies étaient au-dessous de ce titre, comme la Suisse, la nécessité d'une refonte. Enfin, chaque État ne pouvait avoir ou mettre en circulation de monnaies divisionnaires que pour une valeur correspondant à 6 francs par habitant. Les contractants s'obligeaient à inscrire sur leurs monnaies d'or et d'argent le millésime de fabrication, ce qui était un moyen de contrôle réciproque : ils devaient se communiquer annuellement la quotité de leurs émissions, l'état du retrait et de la refonte des anciennes pièces, toutes les dispositions et tous les documents administratifs relatifs aux monnaies : ils devaient également se donner avis de tous les faits intéressant la circulation réciproque de leurs espèces d'or et d'argent. Le droit d'accession à la convention était réservé à tout Etat qui en accepterait les obligations et adopterait le système monétaire de l'union, en ce qui concerne les espèces d'or et d'argent. Nous venons de dire que la Grèce profita de cette clause pour se faire admettre dans l'union. La durée de la convention était fixée à quinze années qui devaient prendre fin le 1ᵉʳ janvier 1880 : si, un an avant ce terme, elle n'était pas dénoncée, elle devait demeurer obligatoire de plein droit pendant une nouvelle période de quinze années.

La convention du 23 décembre 1865 produisit en Europe et au-delà de l'Atlantique l'impression la plus favorable. Elle fut universellement considérée comme un acte de progrès, comme un exemple qui devait être suivi. La presse anglaise ne lui épargna point l'éloge, bien que la situation morale qu'elle créait à la France pût éveiller l'envie. Le *Times* et le *Globe* se montrèrent particulièrement favorables : l'organe le plus important du parti libéral, la *Revue d'Edimbourg*, consacra un article étendu à l'étude des moyens qui pourraient permettre d'élargir le cadre de la nouvelle union. L'*Economiste* dont on connaît le crédit dans le monde du haut commerce et de la finance, se signala entre tous les journaux par l'approbation éclatante qu'il donna à la convention : il n'hésita pas à l'appeler un des traités les plus caractéristiques du XIXe siècle. Le principe lui en paraissait excellent et susceptible d'être généralisé : « Nous ne voyons point, disait-il, de motif à ce que chaque État ait une monnaie séparée. Chaque État peut garder son contrôle, parce que sa loyauté est toujours mieux appréciée par ses propres sujets ; mais le contrôle de tous peut s'exercer sur des monnaies de même poids et de même qualité. » Après avoir reconnu que l'échelle des monnaies consacrée par la convention était excellente, le journal anglais insistait sur les avantages qui pouvaient découler de son extension : « Ce serait, disait-il, matière à de graves regrets si nos vieilles habitudes insulaires nous empêchaient de l'adopter. Si nous l'adoptions, nous pourrions espérer qu'elle deviendrait d'abord l'unique monnaie européenne, et, plus tard, du monde civilisé. Si nous donnions l'exemple, il serait sans aucun doute suivi par l'Allemagne, les États du Nord de l'Europe, et, bientôt, par la Russie. Chaque nouvelle accession au système d'une monnaie uniforme constitue un nouveau motif à d'autres accessions. L'inconvénient pour nous de rester en dehors de cette association augmente avec son extension. Si nous nous y joignons, nous pouvons exercer de l'influence sur le commerce universel à un bien plus haut degré que tout autre État. Nous pouvons introduire la nouvelle monnaie dans l'Inde, l'Afrique, l'Australie et l'Amérique. Les États-Unis ont trop d'activité et d'initiative pour demeurer en arrière. Ils se joindraient bientôt à un mouvement dont l'utilité est évidente et qui serait soutenu par la France et l'Angleterre. » On voit quelles vastes perspectives l'écrivain anglais ouvrait devant l'Union latine et avec quelle impartialité et quelle justice il appréciait l'initiative prise par la France ; mais la partie la plus importante et la plus remarquable de son article consistait dans les arguments pratiques qu'il faisait valoir pour persuader ses compatriotes : « En restant étranger à cette union, non-seulement nous perdons le grand avantage d'avoir une monnaie unique au point de vue des voyages, mais bien d'autres bénéfices plus grands encore, quoique moins apparents. Et d'abord une immense simplification de toutes les transactions du change. Si tous les États avaient une seule monnaie, le change serait regardé à son vrai point de vue, comme la marque de la dette comparative des divers États. Ce qui est pour tout le monde un problème insoluble deviendrait alors un fait simple et clair. D'un autre côté, nous autres Anglais, nous y gagnerions une somme considérable de connaissances utiles. Une monnaie unique supprimerait mainte difficulté artificielle : les prix du Havre seraient ceux de Liverpool ; les compte-rendus de la Banque de France seraient analogues à ceux de la Banque d'Angleterre… Si la civilisation pouvait donner une seule monnaie à tous les hommes, ce serait un grand pas de fait pour les amener à penser qu'ils sont du même sang. »

Des écrivains anglais de réputation abondèrent dans le sens de l'*Economiste*. Parmi eux, il convient de citer M. Frédéric Hendriks, membre de la Société de statistique de Londres et auteur de nombreux ouvrages d'économie politique, qui publia un plan raisonné pour appliquer le système décimal aux monnaies anglaises et mettre celles-ci en rapport avec les monnaies de l'Union latine ; mais les changements à apporter dans les habitudes de nos voisins étaient trop considérables pour que de semblables réformes n'exigeassent pas une longue préparation et l'évidence de grands avantages matériels. C'eut été se bercer d'illusions que d'espérer l'accession de l'Angleterre à l'Union latine ; mais le mouvement se continua ailleurs. Nous avons mentionné l'accession de la Grèce. Le gouvernement italien n'avait pu stipuler que pour la portion de la péninsule qui reconnaissait l'autorité de Victor-Emmanuel : par un édit de 1867, le gouvernement pontifical accéda à la convention pour les États romains. A la suite de la guerre de 186G, l'Autriche, en créant le double florin d'argent qui équivalait exactement à notre pièce de 5 francs, et la pièce d'or de 4 florins qui correspondait à notre pièce de 10 francs, sembla préparer l'assimilation de son système monétaire à celui de l'Union latine : elle vient, au contraire, sous l'influence de la Prusse, de s'en écarter définitivement par l'adoption, comme base de son système, de la couronne d'argent dont la valeur est supérieure de 0 fr. 03 à celle de notre franc. Le courant qui emportait l'opinion générale vers les idées d'uniformité monétaire semblait se fortifier, et l'Exposition universelle de 1867 parut une occasion toute naturelle d'appeler sur cette question l'attention du public et des gouvernements. Une conférence internationale à laquelle prirent part un certain nombre de puissances en dehors de l'Union latine se réunit donc à Paris à la fin de 1807. Elle fut présidée par M. de Parieu, à qui cet honneur était bien dû. Les délégués se mirent aisément d'accord pour recommander à tous les États l'adoption de l'or comme étalon unique, mais ils ne purent s'entendre sur le choix de la pièce qui devrait servir de base à la monnaie universelle ; les uns proposaient une pièce d'or de 25 francs pour se rapprocher de la livre sterling anglaise, les autres la pièce française de 10 francs, d'autres enfin le gramme d'or fin, auquel chaque État aurait donné la forme et la dénomination qui lui auraient convenu. La conférence se sépara sans avoir abouti, et le seul résultat pratique qu'elle produisit fut que certains États de l'Amérique du Sud, qui avaient fait preuve d'un sincère désir d'arriver à une solution, introduisirent le système décimal dans leurs monnaies et adoptèrent notre pièce de 5 francs et ses divisions. La question fut reprise, en 1869, dans une nouvelle conférence, mais sans plus de succès. Une grande enquête, organisée, en 1870, à la demande de la France, ne conduisit pas davantage à la solution désirée ; mais elle constata qu'il n'existait plus qu'une seule divergence qui portait encore sur la monnaie-type à adopter. Les événements de 1870 mirent fin à ces études en commun, qui avaient conservé un caractère trop exclusivement académique, et auxquelles avaient manqué surtout l'appui et la publicité de la presse. Le gouvernement français s'est désintéressé dès lors de discussions qui avaient, à ses yeux, le tort de ramener l'attention sur une œuvre considérable et utile du gouvernement précédent ; l'Allemagne prit à tâche de rendre impossible l'extension de l'Union latine et se préoccupa de préparer une union germanique, dans laquelle elle ne désespère même pas de faire entrer l'Italie lorsque cette puissance sera sortie de ses embarras financiers.

C'est de ce côté que vinrent, en effet, les premiers coups portés à l'Union latine : nous voulons parler de l'adoption de l'étalon d'or et de la démonétisation de l'argent par l'Allemagne. Ces mesures causèrent une grande surprise en Europe parce qu'elles étaient tout à fait imprévues : elles furent considérées presque comme un coup de tête de M. de Bismarck, ou comme une brusque détermination inspirée par le désir de nuire aux deux principaux voisins de la Prusse, la France et la Russie. Ces jugements ne sont pas fondés ; les mesures de M. de Bismarck n'avaient point le caractère d'une improvisation. Aussitôt après la guerre de 1866, le gouvernement prussien s'était préoccupé de l'anarchie monétaire qui régnait en Allemagne ; et il avait vu dans une réforme un premier moyen de s'assimiler les populations nouvellement soumises à son joug. Il était du nombre des États dont les délégués avaient préconisé l'adoption de l'étalon d'or, et ne faisait donc que conformer sa conduite aux opinions professées par ses délégués ; seulement, plus attentif aux faits et plus prévoyant que les gouvernements occidentaux, il tint compte, avec sa décision habituelle, de deux circonstances qui lui commandaient une prompte action. La première était le paiement de la rançon française qui mettait à sa disposition des quantités considérables d'or et lui donnait la facilité de multiplier rapidement les monnaies d'or. La seconde circonstance, encore inaperçue de la masse du public, était l'abondance des arrivages d'argent qui faisait présager une prompte et importante baisse dans la valeur de ce métal. Il fallait donc agir sans retard si l'on voulait épargnera l'empire allemand une perte sensible sur les espèces d'argent qui formaient sa principale circulation. Mais où trouver des acquéreurs pour cet argent démonétisé et comment en obtenir un prix avantageux, alors que le cours du métal baissait de jour en jour à Londres ? C'est ici qu'éclatèrent l'habileté de M. de Bismarck et la coupable ignorance du gouvernement français.

Conclue à une époque où l'argent n'avait encore subi aucune dépréciation et où le rapport de 1 à 15 1/2 établi entre la valeur de l'or et celle de l'argent par notre loi de germinal an XI semblait définitivement consacré par l'expérience de soixante années et par l'assentiment du monde commercial, la convention de 1865 n'avait imposé aux contractants de l'Union latine aucune limitation quant au monnayage des deux métaux précieux. Le gouvernement prussien mit à profit cette lacune. Les agents ou les banquiers qu'il avait agréés comme acquéreurs s'empressèrent de porter aux hôtels des monnaies de Paris et de Bruxelles les lingots d'argent provenant de la démonétisation : ils étaient convertis presque sans frais en pièces de cinq francs françaises et belges qui étaient échangées ou directement contre de l'or, ou contre des billets de la Banque de France ou de la Banque nationale de Belgique, à l'aide desquels on soutirait l'or de ces deux établissements. Cette opération se faisait sur une grande échelle. L'hôtel des monnaies de Bruxelles qui avait frappé 25 millions et demi de pièces de cinq francs en 1871, et pour 10 millions seulement en 1872, en frappa pour 111,704,795 francs en 1873 et, de son côté, la Monnaie de Paris en frappait pour près de 250 millions. Si l'on met en regard des ventes d'argent de l'Allemagne le monnayage insolite d'argent qui eut lieu à Paris et à Bruxelles pendant les dix-huit mois qui ont immédiatement suivi la démonétisation de l'argent par l'Allemagne, on se convainc que cette puissance s'est débarrassée d'un demi-milliard d'argent et s'est procuré un demi-milliard d'or aux dépens de la France et de la Belgique. Cette opération, si fructueuse pour l'Allemagne, qui obtenait pour ses lingots d'argent un prix fort supérieur aux cours de Londres et le remplaçait par de l'or presque sans frais, aurait pu se renouveler indéfiniment si, dans le parlement belge, dès le milieu de juillet 1873, une interpellation de M. Frere-Orban n'avait appelé l'attention du cabinet belge sur le monnayage insolite de la Monnaie de Bruxelles et n'en avait signalé l'origine et les conséquences. Le gouvernement belge n'hésita pas ; il prit sous sa responsabilité de limiter par ordonnance les opérations de frappe de la Monnaie de Bruxelles ; et il demanda ensuite aux chambres un bill d'indemnité qui lui fut accordé par une loi du 18 décembre 1873, en même temps que l'autorisation de limiter et même de suspendre le monnayage de l'argent. Cette prompte action de nos voisins tira de sa torpeur le gouvernement français, qui convoqua pour le mois de janvier 4874 une conférence des États membres de l'Union latine : cette conférence se prononça pour une étroite limitation du monnayage de l'argent et pour sa suspension provisoire. Cette suspension fut renouvelée en Belgique par la loi du 21 décembre 1876 et en France par les lois des 5 août 1876 et 31 janvier 1878, qu'on peut considérer comme ayant mis fin à la frappe des pièces d'argent de cinq francs. Ce qui montra à la fois la nécessité et l'efficacité de ces mesures, c'est que l'Allemagne suspendit immédiatement ses ventes d'argent, bien qu'elle en eût encore pour plus de 450 millions à céder : elle ne les a pas reprises depuis lors ; et même elle a suspendu le retrait de ses monnaies d'argent, en mettant en avant les réclamations de l'agriculture allemande qui se plaint d'une trop grande contraction de la circulation métallique.

II

Poursuivons l'histoire de l'Union latine. Établie pour une durée de quinze années, elle devait prendre fin le 1er janvier 1880, si son existence n'était pas prolongée par les contractants. Le gouvernement français crut devoir devancer le terme des engagements pris et il provoqua, dans l'automne de 1878, une réunion des puissances intéressées. Le maintien de l'Union fut décidé à l'unanimité, mais seulement pour une durée de cinq années qui devaient commencer le 1er janvier 1880 et se terminer le 1er janvier 1885. Si la nouvelle convention, qui porte la date du 5 novembre 1878, n'était pas dénoncée un an avant ce terme, elle serait prorogée de plein droit d'année en année, par voie de tacite reconduction, et demeurerait obligatoire jusqu'à l'expiration d'une année après la dénonciation qui en serait faite. Cette abréviation de la durée de l'Union n'était pas la seule modification apportée au pacte de 1865 : la convention tenait compte des faits nouveaux qui s'étaient produits au regard des métaux précieux. Elle suspendait le monnayage des pièces de 5 francs en or qui avaient trouvé peu de faveur dans le public, qui ne pouvaient être utilisées dans les paiements internationaux et qui faisaient concurrence, dans la circulation intérieure, aux pièces de 5 francs en argent, à la dépréciation desquelles il importait de ne pas ajouter.

Quant à ces dernières, le monnayage n'en était suspendu que *provisoirement*, mais comme il était spécifié qu'il ne pourrait être repris que lorsqu'un accord unanime se serait établi, à cet égard, entre tous les Etats contractants, on pouvait prédire à ce provisoire une longue durée. La nouvelle convention ne devant entrer en vigueur que le 1er janvier 1880, et la convention précédente, qui avait encore une année à courir, ne contenant aucune clause suspensive du monnayage de l'argent ; les contractants, par une clause additionnelle, s'interdirent de frapper aucune pièce d'argent de 5 francs, pendant l'année 1879. Exception était faite pour l'Italie, qui était autorisée à fabriquer pour 20 millions de ces pièces. L'Italie, à ce moment, aspirait à sortir du régime du papier-monnaie et du cours forcé ; elle avait fait part de ses intentions à ses associés et réclamé leur concours. Elle déclarait vouloir commencer par retirer les coupures inférieures à 5 francs, et pour n'avoir point à frapper d'urgence et, à nouveaux frais, les pièces divisionnaires à délivrer au public en échange de ces coupures, elle avait demandé aux membres de l'Union latine de retirer de leur circulation et de lui restituer, contre paiement, les monnaies divisionnaires italiennes circulant sur leur territoire. Sur les 156 millions de monnaies divisionnaires frappées à l'effigie de Victor-Emmanuel, le gouvernement italien estimait que 100 millions avaient émigré d'Italie : 87 millions en France et 13 millions en Belgique, en Suisse et en Grèce. L'article 8 de la convention consacra le principe de l'assistance à donner à l'Italie pour lui faire récupérer ses monnaies divisionnaires ; et un arrangement annexe détermina le mode et les conditions de cette assistance. La France devait servir d'intermédiaire et recevoir des puissances les monnaies qu'elles avaient à remettre à l'Italie. Celle-ci ne s'étant pas trouvée en mesure de commencer ses opérations aussi promptement qu'elle l'avait espéré, un acte additionnel, en date du 20 juin 1879, prorogea les délais qui lui étaient impartis pour prendre livraison de ses monnaies et en rembourser le montant. La France, avec une infatigable complaisance, accepta de devenir dépositaire de toutes ces monnaies et de les garder à la disposition de l'Italie moyennant un très faible intérêt jusqu'à ce que cette puissance les lui redemandât. La Banque de France fut chargée de recueillir et de conserver ces pièces italiennes. Il s'en trouva une quantité moindre que celle que le cabinet italien avait annoncée : au lieu de 100 millions, la Banque de France n'eut à remettre à l'Italie, en 1881, que pour 79,090,121 fr. 30 de monnaies divisionnaires, et cette somme lui fut remboursée par les contractants de l'emprunt de 650 millions négocié par M. Magliari en vue de la suppression du cours forcé.

Si l'accord s'était établi aisément entre les puissances en 1878, il n'en fut pas de même en 1885, lorsqu'il s'agit de prolonger une troisième fois l'existence de l'Union latine. Ce n'était pas qu'aucune des cinq puissances en méconnût les avantages ; mais une question grave avait surgi par suite de la dépréciation constante et progressive de l'argent. On désespérait maintenant de voir la valeur du métal blanc se relever. On regrettait qu'au lieu d'en suspendre seulement le monnayage, on ne l'eût pas démonétisé. Des esprits absolus poussaient de toutes leurs forces à cette démonétisation ; et les gouvernements étaient surtout retenus par l'énormité du sacrifice que cette opération entraînerait pour eux. Qu'adviendrait-il dans le cas où l'un des contractants, à l'expiration de la nouvelle période pour laquelle on était disposé à renouveler les contrats de 1865 et de 1878, voudrait reprendre sa liberté, userait du droit de dénonciation, et rendrait indispensable une liquidation de l'Union latine ? Comment s'opérerait cette liquidation, et à qui incomberait la prise en charge des écus de 5 francs, à ce moment en circulation sur le territoire des cinq confédérés ? Ces questions, qui empruntaient leur gravité à la dépréciation de l'argent, n'avaient été ni examinées, ni même prévues en 1865 et en 1878 : la première fois parce que le rapport entre l'or et l'argent n'avait pas varié, et la seconde fois parce que la baisse de l'argent était encore considérée comme un fait transitoire, imputable surtout à la brusque action de la Prusse. N'était-il pas prudent de les discuter et de les résoudre afin de n'être pris au dépourvu dans aucune éventualité, et afin de donner un élément de stabilité de plus aux accords qu'on allait renouveler ?

Telles étaient surtout les préoccupations du gouvernement helvétique : bien que l'Union latine eût été très avantageuse à la Suisse, certains esprits, partisans de la démonétisation de l'argent, faisaient remarquer que, si cette opération devenait nécessaire, elle serait moins onéreuse pour la Suisse que pour ses associés, à cause de la quantité très restreinte d'écus que la confédération avait fait fabriquer, et qu'elle entraînerait un sacrifice d'autant moins grand qu'elle serait accomplie plus tôt, avant la survenance d'une nouvelle baisse de métal blanc. On insistait surtout pour que la Suisse évitât de se lier pour une période d'années et conservât sa liberté pour le cas où ses intérêts lui commanderaient d'agir. Bien que favorable à la continuation de l'Union, le directoire fédéral crut devoir tenir compte de ces considérations, et afin de rendre indispensable un examen contradictoire approfondi de ces questions, avant que son pays se trouvât engagé de nouveau, même pour un an, il usa de son droit de dénonciation, et le 11 juin 1884, il dénonça la convention de 1878 qui n'expirait que le 1er janvier 1886. Le gouvernement français, sur l'avis de ses confédérés, convoqua une conférence, qui se réunit à Paris, le 18 juillet 1885. Les instructions des délégués étant favorables à la continuation de l'Union, aux conditions précédentes et pour une période de cinq années, la conférence entama aussitôt l'examen des conditions dans lesquelles la liquidation devrait s'opérer à l'expiration de cette période, si la convention n'était pas renouvelée, ou si la démonétisation de l'argent était décidée. Deux systèmes se trouvèrent aussitôt en présence.

On pouvait, en cas de démonétisation partielle ou totale des écus de 5 francs, faire une masse de la perte qui résulterait de cette opération, et répartir cette perte entre les membres de l'Union, au prorata de l'utilité qu'ils avaient retirée de l'usage de la monnaie d'argent. On pouvait prendre, pour mesure de cette utilité, le chiffre de la population, comme on avait fait pour déterminer la quotité de monnaie divisionnaire que chaque État pouvait émettre ; ou toute autre base à arrêter en commun. On pouvait, par un mode plus simple, rendre chaque État garant des écus frappés à ses armes. Les délégués belges se prononcèrent pour le premier système et soutinrent que le second était contraire à l'équité parce qu'il faisait peser sur la Belgique la responsabilité de la frappe excessive de 1873, frappe qui n'avait apporté aucun bénéfice à l'État belge et qui n'avait donné lieu à aucune observation de la part d'aucun des confédérés. La France, qui aurait eu intérêt à soutenir la même opinion que la Belgique, se trouva d'accord avec les autres membres de l'Union, pour subordonner le renouvellement du contrat à l'engagement que prendrait chaque pays de garantir désormais le retrait des écus de 5 francs frappés à ses armes, en s'obligeant, pour le jour de la liquidation, à rembourser à ses confédérés, en or ou en équivalents, l'excédent des pièces qui lui seraient remises par eux sur les pièces qu'il serait en mesure de leur remettre. Devant cette unanimité des autres contractants, les délégués belges offrirent, comme concession, l'engagement de la part de la Belgique de ne mettre, lors de la cessation de l'Union, aucun obstacle au rapatriement en Belgique des écus belges circulant en territoire étranger. Cette concession fut jugée insuffisante par les autres États ; ceux-ci, tout en reconnaissant que le silence gardé sur la question dans les conventions précédentes leur ôtait le droit d'imposer leur manière de voir à la Belgique, maintinrent à leur proposition le caractère d'une condition absolue.

Les délégués belges déclarèrent alors, le 1er août 1885, à la fin de la sixième séance, qu'ils se retiraient de la conférence, et ils ne parurent plus. Les autres délégués se réunirent encore le 5 août, et se mirent d'accord sur la prolongation de l'Union pour cinq années, expirant le 1er janvier 1891, avec prolongation d'année en année par voie de tacite reconduction. La convention nouvelle qui porte la date du 6 novembre 1885, jour de sa signature définitive, reproduit les dispositions de la convention antérieure, avec quelques modifications qui attestent que la surabondance des écus d'argent était la préoccupation dominante des négociateurs. Les contractants s'engagent, en effet, à retirer ou à refuser le cours légal aux pièces de 5 francs des États ne faisant pas partie de l'Union. « Ces pièces, dit l'article 12 qui eût été applicable aux monnaies belges, ne pourront être acceptées ni dans les caisses publiques, ni dans les banques d'émission. » La faculté de reprendre la frappe des écus de 5 francs était reconnue à chacun des États, mais à des conditions qui en rendent l'exercice impossible : à savoir l'obligation d'échanger ou de rembourser, pendant toute la durée de la convention, *en or et à vue*, aux autres pays contractants, sur leur demande, les pièces de 5 francs d'argent frappées à son effigie et circulant sur leur territoire, et, en outre, le droit pour les autres États de ne plus recevoir les écus de l'État qui reprendrait la frappe. Suivant la juste remarque d'un des ministres belges, les écus frappés dans ces conditions auraient été de véritables monnaies fiduciaires dont la valeur eût reposé exclusivement sur le droit de les échanger contre de l'or, et pour lesquelles il aurait fallu avoir provision. La Suisse était autorisée à se retirer de l'Union avant l'expiration de la convention, mais cette faculté était également subordonnée à des conditions qui la rendaient illusoire. L'article essentiel de la convention était l'article 14 ainsi conçu : « En cas de dénonciation de la présente convention, chacun des États contractants sera tenu de reprendre les pièces de 5 francs en argent qu'il aurait émises et qui se trouveraient dans la circulation ou dans les caisses publiques des autres États, à charge de payer à ces États une somme égale à la valeur nominale des espèces reprises. » C'était cette clause qui avait déterminé la retraite des délégués belges.

Il fallait en régler l'application en tenant compte de la position des contractants et de la diversité de leurs intérêts. C'était une tâche malaisée à laquelle la conférence s'appliqua, lorsqu'elle reprit ses travaux le 22 octobre, et il ne lui fallut pas moins de onze séances pour rédiger, sous le nom d'*Arrangement*, une seconde convention qui fut annexée à l'acte principal. Une des difficultés qui restaient à résoudre fut écartée par l'engagement que le gouvernement français fit prendre à la Banque de France de recevoir, conjointement avec les caisses publiques, pendant la durée de la convention, les pièces de 5 francs de l'Union latine dans des conditions identiques à celles où elle reçoit les pièces d'argent françaises ; la liquidation des pièces étrangères qui se trouveraient dans ses caisses à l'expiration de la convention devant s'effectuer pour le compte de l'État français. C'était une importante concession que le gouvernement français faisait à ses associés : elle leur ôtait la préoccupation de voir leur circulation intérieure surchargée par la surabondance des écus d'argent dont le trop-plein allait graduellement sortir de la circulation générale pour s'entreposer dans les caves de la Banque de France jusqu'au jour de la liquidation définitive, si celle-ci devait jamais avoir lieu.

L'Union latine se trouvait donc reconstituée, mais réduite de cinq membres à quatre par suite de la retraite de la Belgique. Cette retraite avait causé une vive émotion dans les départements français, limitrophes de la Belgique, qui avaient entrevu aussitôt une perturbation dans leurs rapports commerciaux avec leurs voisins ; mais l'impression fut bien plus forte encore en Belgique, où les affaires étaient loin d'être prospères. On en put juger à la séance du 11 août, dans laquelle les chambres belges furent officiellement avisées que la Belgique était sortie de l'Union latine. Le gouvernement belge eut soin d'ajouter que tout espoir d'une entente n'était pas abandonné, et il s'empressa de prêter l'oreille aux propositions conciliantes qui ne tardèrent pas à lui arriver de Paris. Les négociations se poursuivirent en même temps que la rédaction de l'arrangement explicatif de la convention, et la Belgique demanda à user de la faculté qui lui avait été ménagée d'entrer dans l'Union reconstituée. Par un acte additionnel, en date du 12 décembre, elle adhéra à la convention du 6 novembre 1885 et à l'arrangement qui y était annexé. Elle acceptait de rembourser la moitié en excès de ses écus de cinq francs, d'après le mode adopté par les autres États, mais adouci par des concessions importantes quant aux délais de paiement : pour le rapatriement de l'autre moitié, on acceptait le mode proposé au début par les délégués belges, c'est-à-dire la voie naturelle du commerce et des échanges. Le gouvernement belge garantissait que l'excédent à prévoir ne dépasserait pas 200 millions, et se rendait responsable du surplus, ce qui limitait à un maximum de 100 millions la masse d'écus belges qui demeurerait en suspens entre la France et la Belgique, après la compensation opérée.

L'Union latine se trouva donc reconstituée sur ses anciennes bases, à la grande satisfaction des contractants. Les concessions faites à la Belgique par les autres États attestaient le prix que ceux-ci attachaient au maintien intégral de leur association. Quant à la Belgique, l'exposé des motifs de la loi destinée à ratifier la convention du 6 novembre faisait entrevoir la perspective d'une prolongation indéfinie de l'Union : « Il est permis d'espérer, y lisait-on, que les avantages considérables que l'Union assure aux nations associées ne seront pas méconnus, et qu'une nouvelle prorogation sera consentie. Le vote de la Belgique est assuré d'avance à toute mesure qui pourrait prolonger, consolider ou étendre l'Union. » Le rapporteur de la chambre des représentants, M. Jacobs, s'exprimait ainsi : « L'isolement est, en matière monétaire, un sérieux inconvénient pour les petits pays. En supposant qu'il fût possible de nous rattacher au système adopté par d'autres États, il eût fallu rompre avec d'anciennes habitudes et jeter le trouble dans de nombreuses et importantes relations commerciales. En ce moment de crise, une rupture n'était à conseiller qu'à la dernière extrémité. La commission approuve le gouvernement d'avoir accepté la transaction qui lui était offerte. »

La convention du 6 novembre 1885 expirait le 1ᵉʳ janvier 1891 : elle n'a pas été renouvelée et l'Union latine ne subsiste plus que par tacite reconduction. Pourquoi les gouvernements associés n'ont-ils pas conclu une convention nouvelle ? On est fondé à croire, puisqu'aucun d'eux n'a usé de son droit de dénonciation, qu'ils ont jugé qu'une expérience de vingt-six ans avait suffisamment établi aux yeux de tous les intéressés les avantages de l'Union, pour qu'il fût inutile désormais d'en assurer l'existence par un acte diplomatique nouveau, et que la voie de la tacite reconduction y pourvoyait sans enchaîner la liberté de personne. La Suisse, dont les inquiétudes ont été apaisées par l'arrangement de 1885, est si loin de songer à sortir de l'Union, qu'elle travaille activement à la refonte de ses vieilles pièces de cinq francs, dont beaucoup ont souffert du frai. En Belgique, le 20 mai dernier, le président du conseil, M. Beernaert, interrogé au sein de la chambre des représentants sur l'accueil que le gouvernement belge comptait faire à la proposition de réunir une nouvelle conférence monétaire, s'exprimait en ces termes : « On a dit avec raison que la démonétisation de l'argent par l'Union latine serait le point de départ d'une catastrophe dont nul ne pourrait mesurer les effets. Ce péril, le maintien de l'Union latine l'a écarté. L'argent y circule pour sa pleine valeur, sans que personne souffre de sa dépréciation, et même sans que personne s'en aperçoive. Il en sera de même aussi longtemps que l'on aura la certitude de pouvoir échanger cet argent contre sa valeur nominale en or. A l'étranger, on tire sur nous en or ; à l'intérieur, l'argent vaut l'or. Et tandis que nous avons ainsi tous les avantages de l'or, nous n'avons pas les inconvénients de sa rareté ; nous ne souffrons pas du manque de monnaie. D'autre part, l'on a vu, à Paris comme à Bruxelles, les cours du change presque invariables, et la Banque de France en mesure d'aider la place de Londres… C'est donc un grand avantage que le maintien de l'Union latine. »

Il est impossible de faire ressortir avec plus de force et de clarté les heureux effets du pacte qui unit les cinq États confédérés. Venons maintenant à l'Italie. L'éminent économiste qui tenait encore au commencement de cette année le portefeuille des finances, M. Luzzatti, répondant à une interpellation de M. Rossi, disait, dans la séance du sénat italien du 26 janvier 1892 : « C'est une fiction que l'Union latine, mais une fiction opportune et une fiction efficace, puisqu'elle a pu donner à environ 4 milliards d'écus d'argent la sanction de l'or. Nous avons ainsi réussi à tresser autour de l'or, qui fait défaut, une couronne d'argent qui, grâce aux fictions établies, conserve la valeur de l'or… La conservation de l'Union latine n'a pas seulement exercé son effet dans les limites du territoire auquel elle s'applique, mais dans le monde entier. Combien de fois n'a-t-on pas entendu proposer, en Allemagne, la vente des thalers ou l'adoption d'un monométallisme plus rigide, sans que ces propositions aient abouti ? Et pourquoi ? Parce que, là aussi, on regarde ce que font les autres. Et la conservation de cette Union qui permet artificiellement à de nombreux millions d'hommes de donner à l'argent la valeur de l'or, et qui fait ainsi moins sentir les inconvénients de la rareté de celui-ci, fait qu'on s'abstient de prendre une initiative qui pourrait être l'exorde d'une grande catastrophe monétaire. »

Le mot de catastrophe qui s'est trouvé presque simultanément dans la bouche de M. Beernaert et de M. Luzzatti est-il une exagération ? Sur 4 milliards en écus de 5 francs qui circulent sur le territoire de l'Union latine, les statisticiens estiment que les écus français comptent pour 3,100 millions. Ne tenons pas compte des progrès que la dépréciation de l'argent a faits depuis vingt ans, et mesurons par les effets attribués à la démonétisation d'un demi-milliard de monnaies allemandes les conséquences inévitables de la démonétisation d'une masse d'écus six fois supérieure ; et le langage des deux ministres nous paraîtra justifié. Nous comprendrons que le plus fort ciment de l'Union latine se trouve dans la communauté et l'étendue du péril dont elle préserve tous les intéressés, et comme c'est sur la France que retomberaient, et les plus lourds sacrifices et la plus violente perturbation, nous ne nous expliquerons pas que l'Union latine puisse trouver en France des adversaires. Il en est cependant ainsi, et une campagne s'était organisée, l'automne dernier, pour mettre le gouvernement en demeure de dénoncer l'Union, au nom du devoir de faire reprendre à la France sa liberté d'action. Cet argument, qui aurait pu avoir une apparence de valeur pendant la durée de la dernière convention, est devenu une puérilité, depuis que l'Union ne subsiste que d'année en année, et que la France est toujours maîtresse d'y mettre fin dès qu'elle le jugera à propos. On a invoqué aussi le patriotisme qui commanderait d'accroître notre trésor de guerre en faisant rentrer au plus tôt dans les caves de la Banque de France les 200 millions en or que la Belgique et l'Italie auraient à nous payer pour l'excédent de leurs écus sur les nôtres, lors de la liquidation. Ces chiffres, purement hypothétiques, reposent sur des calculs qui remontent à plus de six ans, et dans cet espace de temps les situations ont pu se modifier. La Belgique et l'Italie auraient une année pour établir leur compte, et ensuite cinq années pour s'acquitter de la somme mise à leur charge. Cela ferait 40 millions par an, et il suffit d'une bonne année où la balance du commerce nous soit favorable, pour que l'encaisse or de la Banque s'accroisse d'une somme plus considérable. Les écus italiens et belges qui reposent dans les caves de la Banque ne représentent-ils pas de l'or, de l'or à terme, il est vrai, mais ce terme est dénonçable à la volonté de la France. Supposons les 200 millions effectivement réalisés en or et remis à la Banque, quels services la communauté commerciale en retirera-t-elle qui ne lui soient rendus, comme garantie de la circulation fiduciaire, par les écus d'argent qu'ils auront remplacés ? Ces 200 millions d'or, enlevés au marché européen, ne lui feront-ils pas faute et les embarras actuels n'en seront-ils pas aggravés ?

Il est impossible d'apercevoir quel inconvénient l'Union latine peut avoir pour la France. Ses détracteurs eux-mêmes reconnaissent qu'à l'origine elle a procuré des avantages sérieux à tous les contractants en leur assurant les plus grandes facilités pour leurs échanges internationaux. Peut-on faire fi de ces avantages, maintenant que les rapports commerciaux des pays associés se sont accrus et fortifiés par une longue pratique ? L'Union rompue, ne faudra-t-il pas que la France traite les écus de ses anciens associés comme elle fait aujourd'hui de ces beaux écus du Chili, si bien frappés et absolument semblables aux nôtres par le poids et le titre ? Voilà les écus belges, italiens et suisses arrêtés à notre frontière, et nos écus frappés du même ostracisme ; se figure-t-on le trouble profond qui en résulterait dans les relations de tous les jours, et le concert de plaintes légitimes qui s'élèverait de toutes parts ? Tandis que la Prusse travaille assidûment à introduire en Allemagne son régime monétaire, la France se dépouillerait des avantages qu'elle possède pour se condamner volontairement à l'isolement. Après avoir eu pendant un quart de siècle la direction, au point de vue monétaire, d'une partie considérable de l'Europe, elle renoncerait à cette prééminence et sacrifierait l'influence qui en découle pour elle ? Pourquoi et dans quel intérêt ?

Le seul inconvénient de notre situation monétaire est la surabondance des écus d'argent. Cet inconvénient a atteint son maximum, il y a quinze ans ; il a cessé de s'accroître le jour où le monnayage a été arrêté. L'Union latine allège pour nous le poids de cette masse d'écus d'argent, sans nous enlever en quoi que ce soit le bénéfice éventuel d'une nouvelle évolution dans la production des métaux précieux et d'un retour de faveur pour le métal blanc. En attendant, ces écus remplissent utilement le rôle de monnaie d'appoint. Ils font face aux besoins d'une clientèle étendue et à une multitude de transactions auxquelles la monnaie divisionnaire ne satisferait pas. Dès qu'un règlement, il est vrai, atteint ou dépasse une cinquantaine de francs, l'or ou les billets de banque interviennent ; mais au-dessous de ce chiffre la place des écus d'argent devrait être tenue par ces petites coupures de papier-monnaie que tous les États qui en ont fait l'expérience s'empressent de rejeter, dès qu'ils le peuvent, et pour lesquelles nos populations rurales conservent une méfiance et une aversion traditionnelles.

Certains esprits absolus reprochent à l'Union latine de mettre obstacle à ce que la France rejette définitivement le bimétallisme qu'elle pratique, et adopte le régime de l'étalon d'or. Ils ne se préoccupent point de démontrer que les circonstances actuelles soient favorables à cette évolution et que notre pays soit mûr pour elle ; et ils paraissent prendre très peu de souci de la perte énorme que la démonétisation de l'argent infligerait à la France. Voici quinze ans que l'Allemagne garde dans les caves de ses banques un demi-milliard d'argent qu'elle ne peut vendre : comment la France en vendrait-elle cinq ou six Ibis autant ? On s'explique d'autant moins cette préoccupation théorique que, si la France comme la Belgique est légalement pour ses nationaux au régime du bimétallisme, pratiquement et dans ses échanges internationaux, elle est au régime de l'étalon d'or, aussi bien que l'Angleterre : seulement, voici l'avantage de sa situation sur celle de nos voisins. Paris ne ressent pas au même degré que Londres le contre-coup des moindres variations des marchés étrangers ; il est à l'abri des brusques resserrements de la circulation et des paniques qui résultent de la nécessité d'envoyer au dehors de grandes quantités d'or. La Banque de France, si de pressants besoins d'or se produisent, n'est pas, comme la Banque d'Angleterre, réduite à l'élévation de l'escompte comme unique moyen de défendre sa réserve : elle n'est pas contrainte de faire pâtir notre commerce intérieur pour les besoins ou les fautes de l'étranger. Libre de donner à volonté de l'or ou de l'argent, elle ne puise dans sa réserve d'or que dans la mesure qui lui convient : les négociants qui ont absolument besoin d'or pour les envois à l'étranger en obtiennent en payant une prime qui est un obstacle aux spéculations des marchands de métaux, mais qui ne représente, en définitive, qu'une augmentation de l'escompte à laquelle échappe l'ensemble du commerce. L'écart de 2 et quelquefois de 3 pour 100, qu'on voit se produire en notre faveur entre le taux et l'escompte à Paris et à Londres, n'a pas d'autre origine ; mais cet écart est encore un avantage moins précieux pour la majorité des industriels et des commerçants que la stabilité de l'escompte, incessamment variable à Londres et presque immuable à Paris.

La France possède 80 milliards de valeurs mobilières, et ce n'est pas exagérer que d'évaluer à plus de 1 milliard le revenu des valeurs étrangères comprises dans ce chiffre et dont les arrérages sont le plus souvent stipulés payables en or. Ces remises de l'étranger, s'ajoutant au produit de ses exportations, assurent la reconstitution régulière de sa circulation métallique. Son approvisionnement d'argent représente 82 francs par tête, chiffre qui n'est égalé, à beaucoup près, dans aucun pays, et qui assure aux transactions intérieures les plus grandes facilités. Ses prix sont établis sur la base de l'or, comme si elle n'avait pas d'autre monnaie, et elle est à l'abri des brusques et violentes variations du change dont souffrent d'autres pays. Sa situation monétaire est donc unique au monde : pourquoi s'exposerait-elle à la compromettre ? Pourquoi inquiéterait-elle sa population sur la valeur de l'agent le plus fréquent des transactions intérieures ? Pourquoi irait-elle, en rompant l'Union latine, courir le risque de rendre inévitable la démonétisation de l'argent et d'accroître une dépréciation du métal blanc dont les conséquences pèseraient sur elle plus que sur toute autre nation ? Si la France n'a point ressenti les effets du trouble que la moins-value de l'argent a jeté dans la situation monétaire d'un si grand nombre de pays, il est indéniable qu'elle le doit à ce fait que, grâce à l'abondance de ses réserves en or et à la suppression de la frappe de l'argent, elle s'est vue en fait, au regard de l'étranger, au régime de l'étalon d'or. Mettre en péril cette situation, ce serait s'en prendre aux sources vives de la puissance nationale.

Les trois conventions qui se sont succédé depuis 1865 ont toutes imposé au gouvernement français la mission de centraliser et de tenir à la disposition des autres puissances contractantes tous les documents administratifs et statistiques relatifs aux émissions de monnaies, à la production et à la consommation des métaux précieux, à la circulation monétaire, à la contrefaçon et à l'altération des monnaies. C'est fort tardivement que le gouvernement s'est mis en mesure de s'acquitter de cette mission : un décret du 1er février 1886, rendu sur la proposition de M. Sadi Carnot, alors ministre des finances, a constitué, sous le nom de commission permanente des monnaies, un centre d'informations et d'études ; mais l'activité de cette commission ne s'est encore traduite que par un avis récent en faveur du maintien de l'Union ; et les commissions analogues, créées dans les autres pays, ne paraissent pas avoir été plus laborieuses. Bien que tous les membres de l'Union aient proclamé la nécessité de se préparer pour le grand jour de la démonétisation universelle de l'argent, ils s'en sont tenus à cette déclaration : la Belgique seule a tenté quelque chose. Comme sa monnaie divisionnaire n'atteignait pas le chiffre qui lui était attribué par les conventions, elle l'a complétée par la frappe de 7,800,000 francs dont le métal a été prélevé sur les écus belges de 5 francs en circulation. Ses écus étant à 900 millièmes de fin, et ses monnaies divisionnaires à 835 millièmes seulement, il est résulté de cette opération, tous frais déduits, un bénéfice d'environ 400,000 francs que le gouvernement belge a appliqué à créer un commencement de dotation pour « un fonds spécial de provision monétaire » qui servira à réduire le nombre des écus belges. La somme ainsi mise en réserve peut paraître insignifiante relativement à l'importance de la circulation belge ; cette initiative n'en est pas moins louable par l'esprit de prévoyance qu'elle atteste. Depuis lors, le gouvernement belge a annoncé aux chambres qu'il comptait mettre en réserve, pour la dotation du fonds de prévision, le boni de plusieurs millions réalisé par la Caisse des dépôts et consignations. La France également n'a point le contingent de monnaies divisionnaires auquel elle a droit : il s'en faut de 18 à 20 millions ; et la pénurie des petites pièces provoque souvent des plaintes dans les centres manufacturiers. On n'oserait cependant donner à la France le conseil de suivre l'exemple de la Belgique : il serait à craindre que le bénéfice de l'opération, au lieu d'être mis en réserve, ne servît à boucher quelque trou du budget. Une occasion s'offre aujourd'hui aux commissions monétaires permanentes de donner enfin signe de vie ; c'est la proposition faite par le gouvernement américain de réunir une conférence universelle ; mais avant d'émettre une opinion sur cette proposition, il convient de retourner de quelques années en arrière et de faire un court historique des conférences antérieures.

II. LA NOUVELLE CONFÉRENCE MONÉTAIRE

Avant que l'exploitation des *placers* de la Californie et des mines d'argent de la Nevada eut fait connaître aux Américains l'embarras des richesses, la législation monétaire des États-Unis offrait déjà l'exemple d'une constante mobilité. Au sortir de la guerre de 1812 contre l'Angleterre et de la crise que cette guerre avait entraînée, la confédération, sûre, désormais, de son indépendance, s'arrêta à un système monétaire dont le double étalon était la base, et elle adopta pour ses monnaies d'or, au regard des monnaies d'argent, le rapport de 1 à 15. Ce rapport était, à ce moment, dans toute l'Europe, de 1 à 15 1/2. Il en résultait que les négociants importateurs et les marchands de métaux étaient en droit, avec 15 onces d'argent, de se faire livrer, aux États-Unis, une once d'or qu'ils pouvaient échanger en Europe contre 15 onces et demie de métal blanc. L'opération était simple et facile, elle ne faisait courir aucun risque, donnait un bénéfice suffisant et, enfin, pouvait se renouveler indéfiniment. L'or américain, dans la mesure que permettait le commerce encore assez restreint de la confédération, commença donc à s'écouler graduellement vers l'Europe. On s'aperçut de sa raréfaction aux difficultés qu'on éprouvait à en trouver pour faire face aux paiements stipulés exigibles en or. On renversa alors le courant monétaire ; on abaissa à 900 millièmes de fin le titre des pièces d'or et, à l'imitation du Mexique et des autres républiques espagnoles, on adopta pour l'or et l'argent le rapport de 1 à 15.98. Il devint immédiatement possible, avec une once d'or, d'obtenir aux États-Unis 0 fr. 48 d'argent de plus qu'en Europe et, cette fois, ce fut l'argent américain qui prit avec rapidité le chemin de l'ancien monde. La guerre de la sécession mit fin à ces fluctuations dans le rapport des deux métaux précieux en les balayant tous les deux de la circulation. Le paiement des droits de douane en faisait seul apparaître de faibles quantités, qui reprenaient immédiatement le chemin de l'Europe, pour l'acquit des coupons de la dette fédérale.

Lorsque la situation commença à s'éclaircir et qu'on songea à reprendre les errements du commerce régulier, les chefs du parti républicain, qui détenait alors le pouvoir, les présidents Grant et Hayes, le ministre des finances Sherman et ses premiers successeurs, MM. Fairchild, Manning et quelques autres qui avaient joué un rôle considérable pendant la guerre civile, s'appuyèrent sur le résultat des conférences auxquelles les États-Unis avaient pris part en 1867 et 1868, et sur l'exemple donné par l'Allemagne, pour recommander une prompte reprise des paiements en espèces, le retrait du papier-monnaie et un retour à l'étalon d'or.

Ils obtinrent sur ce dernier point une victoire éphémère, et qui ne pouvait avoir de conséquences appréciables tant que le cours forcé du papier était maintenu. Ils tournèrent leurs efforts de ce-côté ; ils firent fixer au 1ᵉʳ janvier 1879 le terme du cours forcé et la reprise des paiements en numéraire. Si les États-Unis avaient apporté au retrait du papier-monnaie la même énergie qu'à l'amortissement de leur dette et avaient appliqué à cette œuvre utile et honnête les immenses ressources que leur fournissait leur tarif de douanes, cette date du 1ᵉʳ janvier 1879 aurait pu être devancée, mais dans l'intervalle de nouveaux intérêts s'étaient créés et avaient grandi, qui tinrent en échec tous les efforts du gouvernement. Les Etats de l'Ouest regorgeaient de papier-monnaie, et les habitants de cette région ne tenaient pas compte de la dépréciation de 50 pour 100 et plus que subissait ce papier ; ils ne voyaient que le prix nominal auquel les denrées et les salaires étaient payés autour d'eux : lorsqu'on eut retiré de la circulation pour deux milliards de *greenbacks*, le papier-monnaie remonta rapidement à 75 pour 100 de sa valeur nominale ; mais les prix s'en ressentirent dans la même proportion ; on offrit moitié moins de dollars pour les mêmes objets ; et les gens de l'Ouest s'écrièrent que les capitalistes et les spéculateurs des États atlantiques voulaient affamer les ouvriers et ruiner tout l'Ouest, en restreignant la large circulation à laquelle les hauts prix de toutes choses avaient été dus. Les villes et les États qui avaient contracté pour leurs travaux publics des emprunts considérables à New-York, Boston ou Philadelphie, et qui s'étaient flattés de les rembourser en papier déprécié, appréhendaient de se voir contraints de s'acquitter en or ou en un papier au prix de l'or. Il fallait arrêter cette contraction de la circulation et même rendre à celle-ci ses anciennes proportions. C'était une opinion généralement accréditée dans tout l'Ouest que le minimum de la circulation américaine devait être de 200 dollars par tête, et que la laisser descendre au-dessous de ce chiffre, c'était paralyser les progrès de la prospérité publique. Les *inflationistes*, ainsi qu'on nomma les propagateurs de cette nouvelle doctrine, trouvèrent des alliés empressés dans les propriétaires et les actionnaires des mines d'argent. La production de ces mines avait pris un grand développement depuis 1868, et elle allait toujours en s'accroissant. Les intéressés protestaient bruyamment contre l'exclusion dont l'argent avait été frappé par la loi monétaire de 1873 : il y avait, disaient-ils, dans les flancs des montagnes Rocheuses, une source inépuisable de richesse pour les États-Unis, si le maintien d'une législation inique ne paralysait pas l'exploitation des mines. Les *silvermen*, comme on les appela, demandaient donc à grands cris que l'argent fût monnayé de nouveau, qu'il reprît rang à côté de l'or comme monnaie légale et avec pleine valeur libératoire.

Une lutte acharnée s'engagea d'une part entre les États Atlantiques partisans de l'étalon d'or et du retrait du papier-monnaie, et de l'autre les États de l'Ouest unanimement *inflationistes* et leurs coalisés, les États du Pacifique, où dominaient les *silvermen*. Chaque session vit reparaître des propositions de loi qui avaient pour objet ou de reculer la *resumption* (reprise des paiements en espèces) ou de l'ajourner indéfiniment. Le gouvernement défendit énergiquement la date du 1er janvier 1879, et réussit à la faire maintenir, mais quant aux *greenbacks*, il soutint vainement que leur existence était inconstitutionnelle, qu'ils avaient constitué une forme d'emprunt que des circonstances inexorables avaient pu excuser, mais que leur conservation, après que ces circonstances exceptionnelles avaient disparu, était contraire à la constitution fédérale qui interdit toute création de papier-monnaie. Cet argument n'ébranla point les *inflationistes*, préoccupés avant tout de ne point laisser diminuer les moyens d'échange à l'abondance desquels ils attribuaient le prompt retour de leur prospérité. Ils allaient jusqu'à déclarer qu'ils préféraient les *greenbacks* au numéraire. En 1876, M. Jones, sénateur pour l'État de Nevada, et rapporteur d'une commission chargée d'une enquête sur la situation monétaire, s'exprimait ainsi : « L'inconvénient de la monnaie métallique est qu'on est exposé à la voir disparaître par l'exportation. Un tel danger n'est pas à craindre si l'on a uniquement du papier. Que l'État se charge de le fabriquer, et pour mesurer la quantité nécessaire, il n'a pas besoin de consulter la situation du commerce et de l'industrie, qui est toujours un baromètre incertain ; il n'a qu'à prendre pour base le chiffre de la population, en rapprochant le nombre des nouveau-nés de celui des décès. » M. Jones, au nom de la commission sénatoriale, concluait à la remonétisation de l'argent et au maintien d'un papier inconvertible ; il négligeait de dire comment les États-Unis commerceraient avec l'étranger lorsqu'ils n'auraient plus aucune monnaie exportable. Il est aisé de comprendre que des gens imbus de semblables théories devaient être peu sensibles aux arguments légaux et aux motifs d'équité invoqués par le gouvernement. La coalition qui se forma contre le président et le secrétaire du trésor était trop forte pour qu'ils pussent en triompher ; et le congrès décida, malgré leur résistance, que les 346,681,016 dollars en papier qui étaient encore entre les mains du public ne seraient ni rachetés ni retirés, et que ceux qui viendraient à rentrer dans les caisses du trésor, par la voie de paiements, ne seraient plus ni oblitérés, ni détruits, qu'ils devraient être remis immédiatement en circulation. Les *inflationisies* rendirent aux *silvermen*, dans leur entreprise en faveur de la remonétisation de l'argent, l'appui qu'ils en avaient reçu. Cette campagne a valu une sorte de célébrité au représentant Bland, qui l'organisa et la dirigea ; elle fut conduite avec une extrême vigueur. Ce fut vainement qu'on essaya, par voie de transaction, de faire accepter un monnayage partiel de l'argent, en n'attribuant au métal blanc une valeur libératoire que dans la limite de 20 ou de 30 dollars : on exigeait le monnayage illimité de l'argent et une parité absolue entre l'argent et l'or. En 1877, la législature de l'Illinois adopta un bill qui attribuait à la monnaie d'argent pleine valeur libératoire pour l'acquittement de toute dette et de tout engagement public ou privé. Ce bill fut frappé de *veto* par le gouverneur de l'État comme constituant un empiètement sur les prérogatives du gouvernement fédéral ; mais il montre quel était l'état des esprits dans la région de l'Ouest. A l'ouverture de la session législative, des propositions de loi furent présentées dans les deux chambres : au sénat par M. Matthews, et à la chambre des représentants par M. Bland, à l'effet de rétablir l'argent à l'état de second étalon monétaire et d'en autoriser le monnayage illimité. Présentée dans la séance du 5 novembre 1877, la proposition de M. Bland fut votée dans la même séance, à l'énorme majorité de 163 voix contre 34, et immédiatement transmise au sénat, qui la mit en discussion. Le président Hayes annonça dans son message annuel

qu'il frapperait la mesure de son veto si elle venait à être adoptée :
il fut aussitôt en butte aux attaques les plus violentes ; d'un autre
côté, les législatures de New-York et du Maine et presque toutes les
chambres de commerce de l'Est adoptèrent des résolutions contre
le Lill Bland et contre toute tentative pour ajourner la reprise des
paiements en espèces. Malgré ces démonstrations, le sénat vota, le
16 février 1878, le bill Bland par 48 voix contre 22, c'est-à-dire avec
une majorité de plus des deux tiers. Il y avait, il est vrai, apporté
des modifications assez importantes : le monnayage annuel de
l'argent était limité à 2 millions de dollars par mois au minimum,
et à 4 millions au maximum. Le droit de frapper de l'argent était
réservé exclusivement à l'État, ainsi que tout profit à provenir de
ce monnayage. Faculté était accordée aux détenteurs des nouvelles
monnaies de les déposer dans les caisses du trésor par sommes
d'au moins 10 dollars, et de retirer en échange des certificats d'au
moins 10 dollars chacun, qui pourraient servir à payer les droits
de douane, les impôts et toutes autres sommes dues à l'État. Cette
clause avait manifestement pour objet de faciliter l'écoulement des
futurs dollars, en permettant aux banques et aux particuliers qui
en seraient encombrés, de leur substituer une nouvelle monnaie
de papier. La rédaction définitive laissait subsister la clause pour
laquelle les *silvermen* avaient surtout lutté, à savoir que les futurs
dollars, « aussi bien que tous autres dollars des mêmes poids et
titre, antérieurement frappés par les États-Unis, seraient monnaies
légales à leur valeur nominale pour toutes dettes publiques
ou privées, excepté lorsqu'il aurait été stipulé expressément le
contraire. » Aussi, le président Hayes, bien que le chiffre de voix
réunies par le bill dans les deux chambres rendît illusoire l'exercice
du droit de veto, crut devoir à l'honneur de son gouvernement d'en
user : le 28 février 1878, il adressa à la chambre des représentants
un message dans lequel il déclarait que le congrès l'aurait trouvé
prêt à concourir à l'adoption de toute mesure propre à développer
le monnayage de l'argent sans fausser les contrats publics ou privés
et sans compromettre le crédit de l'État. C'est parce que le bill
laissait à désirer sous ce double rapport qu'il considérait comme
un devoir de protester par son *veto*. M. Hayes faisait ressortir la
différence de valeur entre le dollar d'or et le dollar d'argent projeté.
Il rappelait qu'il avait été entendu, lors de l'émission des emprunts

des États-Unis, qu'ils seraient remboursables en or. N'était-ce pas, dès lors, faire acte de mauvaise fui que d'en permettre le paiement en argent ? Les engagements pris par l'État étant chose sacrée, le président ne pouvait consentir à revêtir de sa signature une loi qui, à son avis, en était la négation.

Le jour même, le sénat et la chambre renouvelèrent leurs votes antérieurs, à une majorité supérieure aux deux tiers, et le bill devint exécutoire. Il eut pour effet immédiat de faire tomber le 5 pour 100 américain de 109 à 103 sur toutes les places d'Europe. Cette baisse ne s'est effacée que parce que les secrétaires du trésor qui se sont succédé depuis cette époque, ayant l'option de payer les arrérages de la dette en argent ou en or, ont toujours eu soin de les payer en or. Une tentative a bien été faite pour leur retirer cette option et les obliger à employer les écus d'argent dans une certaine proportion, mais elle n'a pas abouti. On avait toujours objecté aux défenseurs du bill Bland que les États-Unis allaient s'isoler du reste du monde, que la future monnaie américaine ne pourrait jamais dépasser le territoire fédéral ; et que dans les conventions commerciales, il ne serait pas tenu plus de compte des dollars d'argent que des *greenbacks*. On avait opposé à cette objection la possibilité d'arriver à une entente avec l'Europe ou, tout au moins, avec l'Union latine qui n'avait pas démonétisé l'argent ; une clause additionnelle, proposée par M. Allison, avait imposé au président l'obligation de provoquer une conférence internationale. Il importe de donner les termes mêmes de cette clause pour faire voir sur quel terrain les États-Unis se posèrent alors et se sont toujours posés quand ils ont fait appel à l'Europe. « Aussitôt après le passage de cette loi, le président invitera les gouvernements des puissances composant l'Union latine, ainsi dénommée, et telles autres nations européennes qu'il jugerait opportun, à entrer en conférence avec les États-Unis pour l'adoption d'un rapport commun entre l'or et l'argent, en vue de donner à l'usage de la monnaie bimétallique un caractère international, et d'assurer la fixité du rapport de valeur entre les deux métaux ; ladite conférence devant avoir lieu sur tel point de l'Europe ou des États-Unis, et à telle date, dans un délai de six mois, que fixeraient les représentants des gouvernements intéressés. » On voit que les législateurs américains allaient vite en besogne. Ils comptaient que l'Europe s'empresserait de se rendre à leurs désirs, et que leur exemple exercerait une influence décisive sur les nations continentales. Ils ne semblent pas s'être doutés qu'ils avaient eux-mêmes créé un obstacle très sérieux, sinon insurmontable, à la possibilité d'une entente. Ils avaient adopté pour leurs nouveaux dollars le titre et le poids des pièces d'argent frappées autrefois, en vertu de la loi du 18 janvier 1837, qui supposait entre l'or et l'argent le rapport de 1 à 15,98, tandis que les monnaies de l'Union latine et celles de presque tous les États européens ont pour base le rapport de 1 à 15 1/2. L'établissement du rapport commun auquel ils voulaient arriver par une conférence n'était donc possible qu'à la condition que l'Europe refondît toutes ses monnaies d'argent, ou que l'Amérique remît les nouveaux dollars au creuset, et remaniât la législation qu'elle venait d'adopter.

L'invitation faite au nom des États-Unis fut accueillie avec la courtoisie due à un grand pays : l'exposition de 1878, à l'occasion de laquelle de nombreuses questions devaient être débattues entre les gouvernements, rendit facile la convocation d'une conférence pour la question monétaire. Cette conférence se réunit donc en septembre 1878, et il suffit aux délégués de quelques séances pour se convaincre qu'il était impossible d'arriver à un accord. Ils se séparèrent donc après avoir voté les résolutions suivantes qui étaient une fin de non-recevoir polie en réponse aux propositions américaines. « Les délégués des États européens représentés à la conférence désirent exprimer tous leurs remerciements au gouvernement des États-Unis d'Amérique pour avoir provoqué un échange international d'opinions sur l'importante question monétaire. Après avoir mûrement considéré les propositions des délégués des États-Unis, ils reconnaissent : 1° qu'il est nécessaire de maintenir dans le monde le rôle monétaire de l'argent aussi bien que celui de l'or : mais que le choix entre l'emploi de l'un ou de l'autre de ces doux métaux ou l'emploi simultané des deux doit avoir lieu suivant la situation spéciale de chaque État ou groupe d'États ; 2° que la question de la limitation du monnayage de l'argent doit également être laissée à la libre décision de chaque État ou groupe d'États, suivant les conditions particulières où ils peuvent se trouver, et cela d'autant plus que les perturbations qui se sont produites dans ces dernières années sur le marché de l'argent ont diversement affecté la situation monétaire des différents pays ; 3° qu'en présence des divergences d'opinion qui se sont manifestées et de l'impossibilité où se trouvent même des États ayant le double étalon de prendre un engagement relatif à la frappe illimitée de l'argent, il n'y a pas lieu de discuter la question d'un rapport international de valeur à établir entre les deux métaux. » Un mois après la séparation de cette conférence, l'Union latine, par la convention du 5 novembre 1878, maintenait pour cinq années la suspension de la frappe des pièces de cinq francs.

Si les résultats de la conférence de 1878 avaient été un désappointement pour les partisans de l'argent, les faits n'étaient pas plus encourageants pour eux. Dans son message de décembre 1880, le président Hayes, après avoir renouvelé sa protestation contre le maintien du papier-monnaie, faisait connaître en ces termes les résultats du bill Bland : « A l'époque du vote de la loi actuellement en vigueur qui ordonne la frappe de dollars d'argent, fixe leur valeur et leur donne le caractère de monnaie légale, un grand nombre de partisans de cette mesure croyaient que le dollar d'argent ainsi créé arriverait rapidement, par la force même de la loi, à atteindre une valeur équivalente à celle du dollar d'or. D'autres partisans de la loi, tout en doutant de la probabilité de ce résultat, étaient d'avis néanmoins qu'il fallait faire loyalement l'expérience, sauf à arrêter la frappe si, en fait, la valeur du nouveau dollar d'argent continuait à rester commercialement inférieure à celle du dollar d'or.

« La frappe du dollar d'argent, ordonnée par ladite loi, a commencé en mars 1878 et a continué depuis, conformément aux stipulations de la loi. La fabrication mensuelle moyenne ressort, jusqu'à ce moment, à 2,276,492 dollars ; au 1er novembre dernier, il avait été frappé en tout 72,848,750 dollars ; sur ce total, 47,084,450 sont restés au trésor, et il n'y a actuellement dans les mains du public que 25,763,291 dollars. On s'est constamment appliqué à maintenir cette monnaie dans la circulation et on a dépensé à cet effet beaucoup d'argent, mais elle revient toujours très vite au trésor. Contrairement aux espérances que les promoteurs de la mesure exprimaient lors de son adoption, la valeur du dollar d'argent à 412 grains 1/2 de fin ne s'est pas élevée. Pendant l'année antérieure au vote de la loi qui a ordonné cette frappe, le prix courant de ce poids d'argent variait de 90 à 92 cents, comparativement au dollar d'or. Pendant l'année dernière, le cours commercial moyen du dollar d'argent a été de 88 cents 1/2. Il est donc évident que l'œuvre législative du dernier congrès, en tant qu'on en espérait le relèvement de la valeur de l'argent, a manqué l'effet ainsi prédit. » Le président recommandait donc ou l'abrogation pure et simple de la loi de 1878 ou la frappe de dollars d'un poids supérieur, ayant comme lingots une valeur égale à celle du dollar d'or. Cet expédient n'a pas conduit au résultat voulu, parce que, la valeur du métal blanc ne cessant de décroître, il aurait fallu donner aux dollars d'argent un poids et des proportions qui les auraient rendus inacceptables pour le public.

Les intérêts engagés dans cette question étaient trop puissants pour reconnaître aussi facilement leur défaite : le monnayage de l'argent fut maintenu, et on se rabattit sur l'espoir d'une entente avec l'Europe. On recueillit avidement tous les menus faits desquels on pouvait augurer une modification de l'opinion européenne. La chambre de commerce de Liverpool avait voté une adresse au gouvernement, dans laquelle elle rappelait qu'en 1876 elle avait signalé l'opportunité et l'urgence d'une conférence internationale sur la question monétaire. Elle soumettait aux pouvoirs publics les deux résolutions suivantes : « 1° si les principaux pays monétaires, y compris l'Angleterre et l'Inde, s'accordaient pour établir un rapport fixe entre l'or et l'argent et reconnaissaient aux deux métaux une force libératoire illimitée, en en autorisant le libre monnayage, cette mesure serait suffisante pour rendre à l'argent son ancienne valeur monétaire internationale ; 2° il est à désirer que notre gouvernement prenne les mesures nécessaires pour amener un accord international tendant à restituer à l'argent son rôle légitime et à assurer de la sorte au monde un approvisionnement monétaire suffisant. » Bien que la chambre de commerce de Liverpool ne représentât guère, en dehors des armateurs, que les exportateurs de tissus à destination de l'Inde, et bien que d'autres chambres de commerce eussent immédiatement protesté dans les termes les plus énergiques contre les vues exposées par la chambre de Liverpool ; les Américains affectèrent de voir dans l'adresse votée par celle-ci la preuve d'une modification dans l'opinion de l'Angleterre. On fit état également des doléances exprimées au sein du parlement allemand par certains représentants de l'agriculture qui se plaignaient de la raréfaction des espèces métalliques. Enfin, ce qui fut considéré comme un présage de succès, les vicissitudes de la politique amenèrent en France, au département des finances, un bimétalliste ardent. La pensée de provoquer la réunion d'une nouvelle conférence se fit jour aussitôt aux États-Unis. M. Magnin fut, au sein du cabinet français, l'avocat de la proposition américaine, qui fut accueillie favorablement. Lorsqu'un accord préalable se fut établi sur les mesures proposées, des invitations furent adressées aux puissances au nom, conjointement, de la France et des États-Unis, et une conférence, à laquelle prirent part les délégués de quatorze gouvernements, se réunit à Paris, le 19 avril 1881.

La présidence fut naturellement décernée à M. Magnin, qui a revendiqué comme un honneur, au congrès de 1889, d'avoir « provoqué et présidé » cette conférence de 1881. Le discours qu'il prononça en prenant la présidence ne pouvait laisser aucun doute sur ses opinions personnelles. « Pour que le métal argent, dit-il, retrouve son ancienne valeur, il est indispensable qu'il soit, comme par le passé, librement monnayé à côté de l'or. Et comme aucun État ne veut et ne peut être seul à reprendre le monnayage, il est absolument certain qu'on ne sortira des difficultés actuelles qu'autant qu'une convention bimétallique et internationale sera conclue. Nous espérons que des discussions qui auront lieu dans cette assemblée jaillira la lumière ; nous espérons qu'il sera démontré et par les données de la théorie et par celles de l'expérience que le bimétallisme international est le seul système qui puisse ramener la régularité monétaire dans toutes les parties du monde. » Ce qui n'était pas moins significatif que le langage du ministre, c'était le choix des délégués français, MM. J.-B. Dumas, Denormandie et Cernuschi, tous connus comme favorables au bimétallisme. Le nom de M. Cernuschi était, à lui seul, un programme.

L'action de la France devait donc s'exercer, au sein de la conférence, en faveur d'un retour au monnayage de l'argent ; mais serait-elle suffisante ? Plusieurs États, en acceptant de prendre part à la conférence, avaient formulé des réserves, dont acte leur avait été donné. Les instructions du gouvernement anglais à son délégué portaient qu'il devait se limiter à fournir à la conférence les renseignements qui lui seraient demandés sur les lois et le système monétaires de l'Angleterre, mais qu'il devait s'abstenir de prendre part à la discussion sur le fond. Ce délégué se conforma strictement à ces instructions. Il se borna à exprimer des vœux pour la réhabilitation de l'argent dont la dépréciation causait de sérieux dommages au gouvernement de l'Inde, mais il s'empressa d'ajouter que, « nonobstant, le Royaume-Uni ne changerait rien à son système monétaire et garderait résolument l'étalon d'or. « Il en donna pour raison qu'il y avait plus de soixante ans que le système monétaire du Royaume-Uni reposait sur l'or comme étalon unique, que « ce système avait satisfait à tous les besoins du pays sans donner lieu aux inconvénients qui s'étaient manifestés ailleurs ; que, par ces raisons mêmes, il était accepté par tous les partis et par la nation, et que le gouvernement de Sa Majesté ne pouvait participer à la conférence comme soutenant le double étalon. » Cette déclaration seule devait ôter tout espoir aux promoteurs de la conférence ; mais elle ne demeura pas isolée. « Nous reconnaissons, dit le baron de Thielmann, délégué de l'Allemagne, qu'une réhabilitation de l'argent est à désirer, qu'on pourrait, par le rétablissement du libre monnayage de l'argent dans un certain nombre des États les plus populeux représentés à cette conférence, arriver à ce résultat. Néanmoins, l'Allemagne, dont la réforme monétaire se trouve déjà si avancée, et que la situation générale ne semble pas inviter à un changement de système d'une aussi grande portée, ne se croit pas à même de concéder, pour ce qui la concerne, le libre monnayage de l'argent. » Ainsi, tout le monde faisait des vœux pour la réhabilitation de l'argent, tout le monde exprimait le désir que le monnayage en fut repris par son voisin ; mais tout le monde s'excusait d'en faire autant pour son propre compte. Il n'était pas jusqu'au délégué du gouvernement indien qui ne fit des réserves à cet égard. Il déclara que, *s'il était possible* d'obtenir l'accord des principaux États pour donner à l'argent un cours international, le gouvernement anglo-indien pourrait s'engager à maintenir le régime de la libre frappe de l'argent et à conserver à ce métal sa pleine force libératoire. Mais il ne pouvait se fier d'une manière aussi absolue qu'à la condition qu'un certain nombre des principaux États du monde s'engageraient de leur côté « à maintenir chez eux, pendant la même période, la libre frappe de l'argent avec pleine force libératoire, dans la proportion vis-à-vis de l'or de 1 à 15 1/2.

Son engagement ne resterait en vigueur que pendant la durée de cet état de choses. » Ce même délégué, sir Louis Mallet, s'étonnait que l'abstention de l'Angleterre pût faire obstacle à l'établissement entre les autres États d'une union bimétallique. « Il ne faut pas perdre de vue, disait-il, que, gardant son système monométallique or en Angleterre, et son système monométallique argent dans l'Inde, le gouvernement britannique apporte un contingent important au régime bimétallique. » Cela était fort spécieux, mais pour que l'on pût croire à une compensation réelle, il aurait fallu établir que, par rapport à l'approvisionnement métallique universel, l'Inde, avec ses besoins nouveaux, n'absorberait pas plus d'or que l'Angleterre n'utiliserait d'argent. Cette situation de Janus monétaire, qu'on proposait pour le gouvernement britannique, prouve l'impuissance de la conférence à trouver une solution simple et pratique, en face des *non possumus* qui lui étaient opposés par les principaux États. Nous ne nous arrêterons pas aux questions d'ordre secondaire, examinées, mais non résolues par la conférence. A la huitième séance, on s'ajourna à un mois, dans l'espoir que de nouvelles instructions arriveraient à quelques délégués. Ces instructions ne vinrent pas, et après s'être convaincue de l'inutilité de ses délibérations, la conférence, le 9 juillet 1881, s'ajourna au 12 avril 1882. Elle ne s'est jamais réunie.

III

Voilà donc les Américains déçus, une seconde fois, dans leur espoir d'entraîner l'Europe dans les embarras contre lesquels ils se débattaient. Ils n'en continuèrent pas moins, avec le même acharnement, à frapper des espèces d'argent dont eux-mêmes ne voulaient pas. On lit dans le message du président Arthur, en date du 6 décembre 1881 : « Aux termes de la loi du 28 février 1878, le trésor a dû faire frapper pour au moins 2 millions de dollars d'argent. Il a déjà été frappé 102 millions de ces dollars, et il n'en est entré qu'environ 34 millions dans la circulation. Je propose, comme le secrétaire du trésor, et pour les mêmes raisons, que cette frappe obligatoire soit supprimée et qu'on ne fabrique plus de cette monnaie d'argent que dans la mesure des besoins constatés. » Le même président revenait à la charge dans son message de 1882 : « La circulation des dollars d'argent, au 1er novembre 1882, comparée avec le chiffre correspondant du 1er novembre 1881, fait apparaître une légère augmentation de 1 million 500,000 dollars ; mais entre ces deux dates, le monnayage de l'argent s'est accru de 26 millions de dollars. Sur les 128 millions de dollars déjà frappés, un peu plus de 35 millions sont livrés à la circulation. La quantité de numéraire en réserve atteint de telles proportions que *bientôt les caves pouvant être utilement employées au magasinage vont manquer.* Rien ne justifie la continuation d'un monnayage qui, par rapport aux besoins du public, atteint des proportions excessives. » L'indication donnée par le président Arthur n'était point une exagération, car son successeur, M. Cleveland, dans son message du 6 décembre 1880, recommanda au congrès une demande de crédit formulée par le directeur de la Monnaie pour la construction de nouvelles caves, indispensables au magasinage des dollars d'argent. M. Cleveland, bien que du parti opposé à celui de M. Arthur, s'élevait de toutes ses forces contre la continuation d'un monnayage inutile. Nous pourrions emprunter à tous les messages successifs et à tous les rapports des secrétaires du trésor des propositions semblables, motivées par l'accumulation croissante des espèces d'argent, repoussées par le public. Rien n'ébranlait l'obstination de la majorité du congrès, entretenue par une vague espérance que l'Europe se déciderait à tirer les États-Unis de peine. Le gouvernement était harassé d'invitations à ouvrir des négociations avec les États européens. « Il faut, disait, dans le sénat, M. Evarts, que nous sachions si l'Europe veut ou non faire quelque chose pour ramener l'ancien équilibre entre l'or et l'argent. Si les principaux États ne comptent prendre aucune mesure, nous devrons aviser à ce que nos intérêts nous conseillent ; mais d'abord, il faut savoir à quoi s'en tenir sur les intentions de l'Europe. »

Le congrès monétaire, tenu en 1889, à l'occasion de l'Exposition, ne devait pas réaliser ces espérances obstinées. Cette réunion, composée de savants de tout pays auxquels des invitations avaient été adressées par la commission d'organisation, n'avait point le caractère officiel de la conférence de 1881. Le ministre des finances de France, M. Rouvier, le donna clairement à entendre dans la lettre qu'il adressa à M. Magnin, pour s'excuser, sur l'état de sa santé, de ne point aller faire l'ouverture du congrès. « Le gouvernement français, disait-il, a eu, vous le savez, à différentes reprises, l'occasion de faire connaître ses idées sur les questions monétaires. Bien que les faits qui se sont produits dans ces dernières années ne nous semblent pas de nature à modifier, à cet égard, nos dispositions générales, nous suivrons avec le plus grand intérêt les échanges de vues qui vont avoir lieu. *Il ne s'agit, cette fois, que d'un débat purement scientifique*, et les opinions exprimées seront toutes personnelles. » Il avait été entendu qu'il ne serait procédé à un vote sur aucune question. Le congrès ne fut donc qu'un tournoi académique, dans lequel les défenseurs et les adversaires du bimétallisme rompirent des lances et dépensèrent assez d'éloquence pour remplir un gros volume.

Ce n'est pas là ce qui pouvait améliorer la situation des États-Unis ; elle devenait intolérable. Au 1ᵉʳ novembre 1889, le chiffre des dollars d'argent, frappés en vertu de la loi de 1878, s'élevait à 343,638,001, et sur cette somme, 283,539,521 dollars, soit plus d'un milliard et demi de francs, demeuraient emmagasinés dans les réserves du trésor ; 60,098,480 dollars seulement étaient en circulation. Cela n'empêchait point M. Bland et ses amis de trouver que les États-Unis n'avaient pas suffisamment de monnaie d'argent, et de demander, à chaque session, le monnayage illimité, c'est-à-dire le droit pour les particuliers de faire frapper des dollars à l'empreinte des États-Unis en quantité illimitée. Ces propositions avaient, jusque-là, toujours été rejetées ; mais on était à la merci d'une surprise ou d'un coup de majorité. Il fallait donc arrêter le monnayage insensé auquel les États-Unis se livraient depuis douze ans, mais il fallait en même temps, et comme compensation, offrir aux propriétaires des mines d'argent un débouché pour le produit de leurs exploitations. Dans son message du 3 décembre 1889, le président Harrison recommanda au congrès l'adoption d'un plan élaboré par le secrétaire du trésor, M. Windom. Ce plan s'appuyait sur l'empressement avec lequel le public avait usé de la faculté de déposer les espèces argent au trésor contre la délivrance de récépissés remboursables à vue, qui étaient reçus pour le paiement des impôts ou des droits de douane. En échange de la suppression du monnayage obligatoire, M. Windom offrait aux producteurs ou détenteurs d'argent la faculté de déposer leurs lingots ou leurs espèces à la trésorerie contre des billets d'État, d'un chiffre égal à la valeur marchande du métal blanc au moment du dépôt. Ces billets devaient être remboursables à vue : 1° soit en une quantité de métal représentant, au cours du jour de leur présentation, une valeur égale au nombre des dollars exprimé sur le billet ; 2° soit en or au choix du gouvernement ; 3° soit en dollars d'argent au choix du porteur. Cette combinaison exposait le trésor à une perte si l'argent continuait à baisser, mais M. Windom était convaincu que son plan amènerait nécessairement la hausse du métal blanc. Ce projet souleva les discussions les plus orageuses au sein des deux chambres et ne put aboutir qu'au bout de six mois. Les *silvermen* ne voulaient à aucun prix renoncer au débouché que leur offraient les achats d'argent imposés au trésor par l'obligation de frapper mensuellement 2 millions de dollars. Il fallut leur donner satisfaction sur ce point. La loi qui porte la date du 14 juillet 1890 débute par imposer au trésor l'obligation d'acheter, chaque mois, des lingots d'argent jusqu'à concurrence d'un poids total de 4,500,000 onces. Pour payer ces achats de métal, le trésor doit émettre des billets d'État, dont la valeur ne peut être inférieure à 1 dollar ni supérieure à 1,000 dollars ; ces billets sont remboursables à présentation, en monnaie métallique, à la trésorerie ou dans ses succursales, et ils peuvent être réémis. Ils sont considérés comme monnaie légale pour l'acquittement de toutes dettes, soit publiques, soit privées, à moins d'une clause contraire expressément stipulée, et ils sont recevables en paiement des droits de douane, taxes et autres sommes quelconques ; quand ils ont été ainsi reçus, ils peuvent être émis de nouveau. Détenus par les banques nationales, ils peuvent être considérés comme faisant partie de leur réserve légale. Sur la demande de tout porteur de billet, le trésor, conformément à un règlement à établir, rachètera ces billets en monnaies d'or ou d'argent, à sa discrétion. Les États-Unis mettent les deux métaux sur le même pied, sauf à tenir compte du rapport légal actuel ou de celui qui pourrait être déterminé dans l'avenir. La frappe des dollars d'argent cessait d'être obligatoire à partir du 1er juillet 1891.

Il est malaisé d'apercevoir quels avantages le gouvernement américain peut retirer de cette nouvelle législation, après les amendements qu'il a dû accepter. Sans doute, il ne verra plus revenir à bref délai dans les caves du trésor les dollars dont la frappe lui était imposée, mais il devra y emmagasiner en quantité équivalente des lingots d'argent qui seront virtuellement monnayés sous la forme de billets d'État, ayant une valeur libératoire illimitée, même pour les dettes publiques. Tous les avantages sont pour les *silvermen*, qui obtiennent, sinon pour leur argent, au moins pour les billets d'État qui le représenteront, ce monnayage illimité qu'ils avaient vainement poursuivi ; et la loi leur assure dans le trésor public un acquéreur qui doit leur prendre 1,680,000 kilogr. d'argent par an. Il est à craindre, entre autres inconvénients, que ces billets d'État, suivant les variations du change, ne puissent être employés à soutirer l'or des banques ou des caisses fédérales, en vue de l'exportation, et n'entament cette réserve d'orque tous les secrétaires du trésor se sont évertués à créer et à défendre. La situation commerciale des États-Unis n'est demeurée intacte jusqu'ici que par une sorte d'équilibre instable qui menace d'être rompu. Voici les aveux que faisait M. Windom, à cet égard, lors de la présentation de sa loi : « Depuis la loi de 1873, nous n'avons, en réalité, qu'un étalon monétaire, le dollar d'or du poids de 25,8 grains, lequel constitue l'unité monétaire des États-Unis. Nos billets à cours légal sont garantis par 100 millions de dollars d'or déposés dans les réserves du trésor. La circulation de nos banques a pour garantie les fonds des États-Unis, dont les intérêts sont payables en or. Nos certificats de dépôts d'or sont remboursables en monnaies d'or. Conséquemment, on peut dire que nos dollars d'argent et les récépissés garantis au moyen de ces dollars sont une exception dans notre circulation. Nous n'avons, en réalité, que l'étalon d'or : le métal dont on s'est servi pour fabriquer les dollars d'argent ayant été acheté à sa valeur marchande exprimée en or. Ces dollars ont cours légal et les récépissés sont acceptés en paiement des droits de douane et des autres taxes ; mais s'ils ont cours au même titre que l'or, c'est que l'on a confiance dans les engagements et dans le pouvoir de payer du gouvernement. *Tant que leur nombre sera maintenu dans des limites raisonnables*, ils rempliront, dans ce pays du moins, le même rôle monétaire que l'or. » Cette mesure, que le secrétaire du trésor juge indispensable, ne sera-t-elle pas dépassée si aux 1,200 millions de récépissés d'argent déjà en circulation, on ajoute mensuellement des billets émis en représentation des 4,500,000 onces d'argent que le trésor doit acquérir ? Et la multiplication indéfinie de ces récépissés qui peuvent remplir toutes les fonctions de la monnaie métallique ne conduira-t-elle pas insensiblement les États-Unis, de l'étalon d'or, bien compromis, quoi qu'en dise M. Windom, au régime de l'étalon d'argent ? Voilà pourquoi la chambre de commerce de New-York a protesté dans les termes les plus énergiques contre le vote, puis contre le maintien de la loi Windom et contre tout monnayage de l'argent. La seule présentation de cette loi avait déterminé sur le marché de l'argent une hausse qui s'accentua encore après son adoption définitive et sa promulgation. De 44 pence 1/2, en janvier 1890, le prix de l'once d'argent s'éleva, à Londres, jusqu'à 53 pence en septembre ; mais alors commença une baisse ininterrompue) qui ramena le prix de l'once à 43 pence 5/8 en décembre 1891 et le fit tomber, en mai 1892, un peu au-dessous de 40 pence, le cours le plus bas qui eût encore été coté. Que devenaient les espérances qu'on avait fondées sur la loi Windom ? Loin de se relever par les achats obligatoires de la trésorerie, l'argent se dépréciait de plus en plus. Les *silvermen* revinrent aussitôt à leur thèse favorite, que le seul remède effectif à la crise était le libre monnayage de l'argent. Ils avaient raison à leur point de vue ; car si les propriétaires de mines avaient pu porter leurs lingots à la monnaie de Philadelphie et les y faire transformer en dollars des États-Unis, cela eût été plus avantageux pour eux que de les vendre au cours du marché : seulement les nouveaux dollars n'auraient-ils pas immédiatement servi à des achats d'or en vue de l'exportation ? On revint aussi à la chimère d'une entente avec l'Europe au moyen d'une conférence diplomatique. Dans son message du 7 décembre 1891, le président Harrison réitéra sa ferme résolution de ne point accepter le libre monnayage de l'argent, qui mettrait le monde des affaires à la merci des fluctuations de ce métal. Il demandait à ses concitoyens de ne pas remanier une fois de plus la législation monétaire et de faire un loyal essai des lois en vigueur. Quant à la convocation d'une conférence, il déclarait avoir suivi avec soin les mouvements de l'opinion en Europe, avoir recueilli tous les renseignements propres à l'éclairer et avoir retiré de cette enquête officieuse la conviction que rien, dans les dispositions actuelles des gouvernements, n'était de nature à justifier de sa part la proposition d'une conférence internationale. Tout cela était fort sage et fort juste ; mais la pression électorale s'est trouvée irrésistible, et ce même président, quatre mois plus tard, adressait à tous les gouvernements européens l'invitation de se réunir en conférence afin de « rechercher les moyens d'accroître l'emploi de l'argent dans les systèmes monétaires des différents pays. » Le 11 mai dernier, une députation de la ligue bimétallique, qui s'est récemment fondée en Angleterre, se présentait au *foreign office* pour remettre au premier ministre, au chancelier de l'Échiquier et au premier lord de la trésorerie le texte de résolutions réclamant l'intervention du gouvernement pour régulariser, au moyen d'une conférence internationale, le change entre les pays à monnaie d'or et les pays à monnaie d'argent. M. Goschen a fait connaître à cette députation l'invitation du gouvernement américain, que le ministre des États-Unis avait remise, l'avant-veille, 9 mai, au premier ministre et que le gouvernement avait acceptée. M. Ribot a fait une déclaration analogue à la chambre des députés, et, à Bruxelles, M. Beernaert, interrogé par M. de Neff, a annoncé également l'acceptation de la Belgique. Il y aurait eu un tel manque de courtoisie à décliner l'invitation des États-Unis dans les termes où elle est conçue qu'on ne pouvait douter de l'adhésion d'aucune puissance. Il avait été d'abord annoncé que la conférence se réunirait à Bruxelles en septembre : la date, définitivement adoptée, a été le 22 novembre. La conférence doit être précédée de quelques jours par une réunion des délégués de l'Union latine. Les délégués français sont MM. Tirard, de Foville et de Liron d'Airolles.

Quelles chances la future conférence a-t-elle d'aboutir mieux que ses devancières ? Nous avons reproduit à dessein les déclarations faites, au sein de la conférence de 1881, par les représentants des principales puissances. Elles nous semblent dicter la réponse. S'est-il produit en Europe un seul événement grave de nature à modifier la situation monétaire d'un pays quelconque et à influer sur les résolutions de ses ministres ? Recueillons cependant les paroles ou les actes des principaux gouvernements. Le 11 décembre 1891, le Reichstag discutait une convention commerciale avec l'Angleterre et le tarif des douanes. L'orateur habituel de la fraction agricole, M. de Kardorff, déclarait qu'il n'accorderait les nouveaux droits sur les blés qu'autant qu'on réintégrerait l'étalon d'argent. Que répondit le chancelier, M. de Caprivi ? « M. de Kardorff a soulevé la question monétaire ; je crois qu'il est inutile de s'en occuper maintenant. Elle est restée sans solution depuis plus de vingt ans, et je ne vois nulle probabilité de la faire avancer d'un pas… Je ne méconnais pas qu'il existe maintenant, pour l'emploi de l'argent, un courant plus fort qu'il y a dix ou quinze ans, mais je ne crois pas que ce courant soit assez vif pour engager cette question avec chance de succès. » Le gouvernement austro-hongrois, dont le papier-monnaie est arrivé au pair avec l'argent et quelquefois fait prime par rapport à l'argent, avait un moyen bien simple d'abolir le cours forcé : c'était de retirer ses billets en les échangeant contre des espèces d'argent qu'il lui eût été facile de se procurer. Loin de recourir à ce moyen, il a fait voter par les deux parlements des lois qui ont pour objet d'établir l'étalon d'or en Autriche et en Hongrie ; et il négocie l'emprunt qui doit lui fournir les lingots d'or nécessaires. Va-t-il demander aux chambres de Vienne et de Pesth de se déjuger ? Au sein du sénat italien, le 26 janvier dernier, M. Luzzatti se faisait honneur d'avoir accru les réserves d'or dans les banques et dans les caisses du trésor et disait de la question monétaire : « Elle n'est plus, à beaucoup près, dans un état aussi aigu que celui où elle se trouvait quand l'Union latine a été renouvelée. De 1886 à 1891, on n'a plus à signaler qu'une sorte d'adaptation progressive aux conditions de fait résultant des régimes monétaires des différents pays. La question monétaire agite actuellement les États-Unis ; mais cela tient à l'imperfection du régime monétaire de ce pays, qui n'est ni bimétalliste ni monométalliste. Il faudra que l'Union américaine se résigne soit à ne plus frapper d'argent, soit à en déclarer la frappe absolument libre ; sinon, elle aura tous les inconvénients qu'implique une circulation d'argent sans en avoir les avantages. Les Américains reconnaissent les difficultés qui résultent pour eux de leur système monétaire transactionnel et ils cherchent à en sortir ; mais ils voudraient en sortir en entraînant les principaux pays de l'Europe dans une ligue bimétalliste. » M. Luzzatti, quand il s'exprimait ainsi, ne pouvait prévoir l'invitation du président Harrison ; il ajoutait qu'il n'y avait, aux États-Unis, que les propriétaires de mines et les débiteurs qui fussent partisans du monnayage de l'argent.

La Russie se prépare à suivre l'exemple de l'Autriche. Elle est elle-même productrice d'or dans une proportion importante, elle vient immédiatement après les États-Unis et l'Australie, elle a accumulé des quantités considérables d'or dans le trésor impérial, indépendamment de l'encaisse de la Banque de Saint-Pétersbourg. Ses opérations financières avec l'Europe 5e sont toutes traitées sur la base de l'or. Elle a depuis 1876 suspendu toute frappe d'argent, sauf pour les pièces spéciales qui sont nécessaires pour son commerce avec la Chine. Elle est condamnée pour longtemps encore à conserver sa circulation de papier ; mais quand elle sera en mesure de la retirer, elle n'emploiera l'argent que comme monnaie divisionnaire, et elle passera directement à l'étalon d'or sans se créer les difficultés d'une station intermédiaire. Restent la France et l'Angleterre. Nous avons cité la lettre par laquelle M. Rouvier réduisait le congrès de 1889 au rôle d'une réunion académique. Dans la séance du 31 mai dernier, M. Rouvier s'est prononcé très énergiquement contre la dénonciation de l'Union latine ; il a été moins net en ce qui concerne la future conférence : toutefois il a réclamé l'ordre du jour pur et simple afin de réserver au gouvernement une entière liberté d'action. En recevant, le 11 mai, la députation de la ligue bimétallique, M. Goschen lui a tenu un langage dont l'extrême réserve a été remarquée : « Les États-Unis, a-t-il dit, ont libellé leur invitation de telle sorte que les autres pays peuvent l'accepter sans engager en rien leur liberté d'action. La formule en est très compréhensive, mais l'acceptation ne préjuge rien, et je me rends compte que les États-Unis ont cherché à faciliter autant que possible l'adhésion des diverses puissances. En acceptant cette invitation, nous avons été guidés dans une large mesure par l'extrême intérêt que la question inspire à d'importantes industries, comme celles qui sont ici représentées ; en même temps nous n'avons pas pu perdre de vue les aspirations de l'Inde que la question touche si directement ; mais notre acceptation même m'oblige ici à une discrétion toute particulière. » Les journaux anglais ont fait observer que M. Goschen avait témoigné des dispositions plus favorables dans une autre circonstance, puisque, tout en refusant de rien changer à la législation anglaise, il s'était déclaré prêt, pour favoriser la reprise du monnayage de l'argent par d'autres puissances, à demander à la Banque d'Angleterre d'user de la faculté que sa charte lui confère de faire entrer l'argent dans sa réserve jusqu'à concurrence d'un cinquième, et, en outre, à laisser la frappe de l'argent libre dans l'Inde. La sévérité avec laquelle M. Gladstone a critiqué les idées émises par M. Goschen, au sujet de la situation monétaire, indique suffisamment que le ministère actuel ne se départira pas, en 1892, de l'attitude intransigeante prise par l'Angleterre en 1881. Le président Harrison avait donc raison de se montrer incrédule quant aux chances de succès d'une nouvelle conférence.

Comment en pourrait-il être autrement ? N'est-ce pas une entreprise chimérique que de vouloir imposer aux gens de se servir d'une monnaie dont ils ne veulent pas, quand ils en ont une meilleure à leur disposition ? Pourquoi les Américains sont-ils demeurés sourds aux conseils de leurs présidents qui les invitaient à retirer de la circulation leur papier-monnaie ? Est-ce que la substitution d'écus d'argent aux *greenbacks* n'eût pas offert un débouché aux produits de leurs mines ? Pourquoi donnent-ils une entorse à leur constitution pour maintenir dans la circulation ces 1,800 millions de papier-monnaie ? Pourquoi préfèrent-ils entasser dans les caves de la trésorerie les écus frappés en vertu du bill Bland et se faire délivrer des certificats de dépôt ? C'est que les *greenbacks*, revenus au pair depuis 1879, munis de la garantie du gouvernement fédéral et investis du pouvoir libératoire, leur offrent tous les avantages de sécurité et de commodité que nous présentent les billets de la Banque de France. Quant aux récépissés d'argent, échangeables à présentation contre des espèces, ils constituent une seconde sorte de billets, munis d'une garantie métallique, existant dans les caisses de la trésorerie, et ils sont entrés dans la circulation pour plus de douze cents millions. Joignez-y les récépissés de dépôts d'or, qui offrent les mêmes facilités, et les billets des banques d'émission, et vous constaterez que les États-Unis emploient simultanément quatre circulations fiduciaires, représentant ensemble plus de cinq milliards, tandis que leur circulation d'écus d'argent, de leur plein gré et par l'effet de leurs préférences manifestes, ne peut arriver à dépasser trois cents millions, soit 5 francs par tête. Devant ces faits et ces chiffres, est-il possible de prendre au sérieux les propositions américaines ? Y a-t-il là autre chose, comme l'indiquait M. Luzzatti, qu'une tentative pour se décharger sur l'Europe de la masse d'écus créés par des frappes inutiles et imprévoyantes ?

On fait valoir, à l'appui des propositions américaines, les considérations les plus diverses et les plus contradictoires. On entend dire, dans certains comices agricoles : « Il faut relever la valeur de l'argent pour que la France ne soit plus inondée de blés qu'on achète dans l'Inde, au prix d'un métal déprécié et qu'on peut revendre à bas prix sur le pied de l'or, parce que l'écart entre les deux métaux constitue à lui seul un bénéfice suffisant. » Or, les états de la douane ne contiennent aucune trace de cette prétendue inondation : les blés de l'Inde ne représentent pas plus de 4 à 5 pour 100 de nos importations de céréales. Les cultivateurs allemands tiennent le même langage au sujet des blés russes : là c'est la baisse du rouble-papier et ses constantes variations qui rendraient faciles des spéculations au préjudice de l'agriculture germanique. On leur a accordé l'établissement d'un droit sur les blés étrangers, auquel M. de Bismarck s'était toujours refusé. Nos voisins ont un autre grief : ils font remarquer qu'avant 1873, la circulation allemande représentait 15 marks par tête et qu'elle n'est plus aujourd'hui que de 10 marks 1/2. Cela ne leur semble pas suffisant, et M. de Bismarck semble avoir reconnu lui-même cette conséquence de la précipitation mise à retirer et à démonétiser les florins de l'Allemagne du Sud et les monnaies de la Saxe, de Hambourg, de Lubeck et du Mecklembourg, car il lui est échappé de dire, un jour, au Reichstag, au sujet de la question monétaire, qu'il avait « laissé la couverture trop courte. » Du reste, le gouvernement allemand ne songe point à modifier sa politique monétaire : il s'est contenté de remettre peu à peu en circulation une partie des thalers qu'il n'a pas encore fondus et qu'il ne saurait vendre à un prix avantageux.

La baisse des prix, dont on se plaint et qu'on exagère, car elle ne porte que sur un très petit nombre de produits, est-elle imputable à une surproduction ? Les uns l'affirment, d'autres le nient. Cependant, il a été impossible de soutenir que la production se soit ralentie et même qu'elle soit demeurée stationnaire. Tout ce qu'on a pu prétendre, en s'appuyant sur les tableaux de M. Sauerback, c'est que l'accroissement de la production générale n'a été, dans les quinze dernières années, que de 1,08 pour 100, tandis qu'il avait été de 2,08 pour 100 pendant la période précédente. Or, il est à peine besoin de faire observer que plus le point de départ que l'on prend est élevé, plus le tantième d'accroissement que l'on constate représente une augmentation considérable. Il suffit, d'ailleurs, de prendre les statistiques des principaux pays manufacturiers pour constater que certaines industries, celles du fer, du coton, de la laine, de la soie, etc., produisent aujourd'hui des quantités de plus en plus considérables, et la consommation croissante de la houille ne correspond pas, assurément, à un ralentissement de la production générale.

Est-il admissible, comme le soutiennent certaines personnes, que le mal provienne de la disette des instruments d'échange et que le remède soit de mettre une plus grande quantité d'espèces en circulation ? L'assertion paraît singulière lorsqu'on réfléchit au chômage des énormes masses métalliques, entassées dans les caisses des banques. Dans les pays civilisés, où le crédit est la base universelle des transactions, le rôle du numéraire, de l'or aussi bien que de l'argent, a singulièrement diminué : les espèces métalliques ne servent plus que d'appoint : elles ont été supplantées par les billets de banque, les chèques, les virements et autres instruments de crédit. Le rapport de la Banque de France, pour l'exercice 1886, constate que la proportion des billets de banque dans les opérations de l'année avait été de 52 pour 100, celle des autres instruments de crédit de 43 1/2 pour 100, celle du numéraire de 4 1/2 pour 100 seulement. Frappé de ces chiffres, l'un des directeurs de la Banque d'Angleterre, M. F.-W. Birch, demanda à la Banque d'Angleterre la statistique des paiements effectués pendant une semaine prise au hasard. Voici le résultat sur une moyenne quotidienne de 4,445,000 livres sterling : les instruments de crédit représentaient 87 1/2 pour 100, les billets de banque 12 1/4 pour 100, et le numéraire 1/4 pour 100. Il y avait eu une journée où sur un ensemble de paiements montant à 4,775,593 livres sterling, on n'avait payé en numéraire que 4,632 livres sterling. Les opérations des banques particulières donnent des résultats analogues. En relevant les opérations d'un mois, en 1887, MM. Glyn ont constaté que la moyenne des paiements en numéraire effectués par an avait été de 4 1/2 pour 1000 contre 3 pour 1000 à la Banque d'Angleterre. Or, en 1881, à la suite de recherches minutieuses, M. Pownall estimait encore à 9 1/2 pour 1000 le rapport du numéraire aux billets de banque et aux lettres de crédit dans les recettes totales de dix banques de Londres. On voit que l'économie du numéraire avait fait de grands progrès dans l'espace de sept années. Une des causes en est le développement continu de l'emploi des chèques. M. Bertram Currie, président du conseil des finances de l'Inde, en insistant sur ce fait devant la commission d'enquête sur l'or et l'argent, en citait un exemple remarquable. En 1880, le nombre des chèques tirés sur les banques de province, auxquelles la maison Clyn et Cie servait de correspondant, atteignit pour trois jours 19,950, sur lesquels 462, c'est-à-dire 2 1/4 pour 100, étaient au-dessous d'une livre ; en 1887, pour les trois jours correspondants, le nombre total des chèques a été de 35,090, dont 1,481 ou 4 pour 100 au-dessous d'une livre. Le progrès est visible, et cependant, pour les petites sommes, le chèque rencontre un concurrent dans le bon de poste créé en 1880 et qui a pris une extension rapide. En 1881, il en a été délivré 4 millions et demi, pour une valeur de 2 millions sterling ; le nombre s'en est élevé à 25 millions trois quarts en 1886 et à 31 millions en 1888, représentant une valeur de 300 millions. Il est un nouvel instrument de crédit qui a fait son apparition depuis quelques années et qui produira une révolution dans le commerce international, c'est le mandat télégraphique. Il y a peu d'années encore, lorsqu'on voulait, de New-York, régler une affaire avec Londres, il fallait, si l'on employait les espèces métalliques, les faire assurer ; si l'on se servait de traites ou de billets de banque, on les coupait transversalement en deux et on expédiait les deux moitiés par deux paquebots différents. Aujourd'hui, les banques continuent à recevoir comme autrefois les effets causés par opérations commerciales ; mais, au lieu de fournir en échange des traites aux termes d'usage, elles donnent des mandats télégraphiques. « Ce moyen, disait M. Birch, dans une allocution à l'Institut des banquiers de Londres, permet au marchand de Hong-Kong, de New-York ou de tout autre partie du monde, de calculer exactement le coût de son opération comme s'il était à Londres. Il n'est plus question pour lui d'escompte, de timbre et autres frais, il balance là-bas son opéra-ration tout aussi aisément que s'il était dans Lombard-Street. Les affaires sûres se font maintenant à si bon marché qu'un écart minime suffit pour rendre possible l'échange de l'effet commercial contre le chèque international dont je viens de parler. » Ainsi, tout conspire dans le monde entier à rendre le règlement des transactions aussi rapide et aussi économique que possible. Que signifierait, à l'encontre du courant universel, d'ajouter de nouveaux écus d'argent, coûteux à fabriquer et coûteux à transporter, à la masse des écus de même sorte qui dorment dans les caisses des deux mondes ; et à qui ferait-on accepter ces nouveaux écus, lorsque personne ne veut plus des anciens ?

On insiste et l'on dit : l'argent n'a pas perdu de sa valeur au regard des marchandises ; il ne se déprécie que par rapport à l'or dont la puissance d'acquisition s'accroît de plus en plus, à cause de sa raréfaction. La production de l'or a diminué ; elle est devenue insuffisante pour les besoins de l'humanité ; elle prépare une catastrophe. Il faut donc, à côté de l'or, rétablir l'argent dans ses anciennes fonctions. Est-il vrai que la production de l'or diminue ? M. Goschen l'a dit, dans un mémoire, il y a une douzaine d'années ; M. de Laveleye l'a répété dans un gros livre, et on le redit en chœur. Il est exact que la production de l'or s'est affaiblie pendant quatre ou cinq ans à partir de 1879, et les deux hommes éminents que nous citons ont cru, avec une imprudente précipitation, que le mouvement décroissant était définitif et qu'il ne s'arrêterait plus. La production de l'or s'est relevée ; elle se maintient et elle semble même en progrès. D'après M. Leech, directeur de la Monnaie des États-Unis, la production de l'or, de 140,555 kilogrammes en 1886, serait arrivée à 188,531 kilogrammes en 1891. Un spécialiste, qui s'est beaucoup occupé de la question des métaux, M. Ottomar Haupt, évalue les espèces d'or frappées dans les diverses monnaies du monde à 494 millions en 1886, à 650 millions en 1887, à 702 millions en 1888 et à 879 millions en 1889. On voit que le progrès est constant. D'après le même écrivain, les encaisses or des banques européennes et de la trésorerie des États-Unis auraient été ensemble de 6,402 millions en 1889 et de 6,914 millions en 1890 ; et les sept premiers mois de 1891 les auraient accrues encore de 700 millions. Au 30 juin 1892, les encaisses or de toutes les banques européennes étaient encore en progrès ; nous ne croyons pas nécessaire de reproduire le tableau qui le constate et qui a été dressé à la Monnaie de Washington d'après les bilans officiels : nous nous contenterons de citer la Banque de France qui avait 1,586 millions d'or, la Banque impériale de Russie qui en avait encore davantage, 1,650 millions ; les Banques d'Angleterre, d'Ecosse et d'Irlande en avaient ensemble 800 millions, et la Banque impériale d'Allemagne en avait autant. Ces chiffres permettent de dire que l'humanité ne marche pas vers une disette de monnaie d'or. Ce ne sont pas les banques seulement qui sont mieux pourvues d'or que par le passé. La Banque d'Angleterre estime que les espèces d'or, aux mains des particuliers, se sont élevées de 90 millions sterling, en 1858, à 125 millions ou 125.3 millions en 1878, et ne sont pas actuellement inférieures à 117.6 millions. On doit d'autant moins appréhender une pénurie d'or que de nouveaux gisements aurifères ont été découverts dans l'Afrique australe et commencent seulement à être exploités.

Parmi ceux qui s'applaudissent de la réunion d'une nouvelle conférence, le groupe le plus bruyant se compose des industriels du Lancashire, qui se plaignent d'avoir perdu dans l'Inde un débouché sur lequel ils s'étaient habitués à compter, des négociants de Liverpool qui ont à subir un change onéreux lorsqu'ils veulent faire revenir en Europe le prix des marchandises qu'ils ont envoyées ; enfin, les fonctionnaires de l'administration indienne, qui sont payés en espèces d'argent et qui doivent également supporter le change pour les remises qu'ils ont à faire en Angleterre. Ce sont là des souffrances individuelles, elles ne sont ni assez nombreuses, ni assez intenses pour mériter qu'on essaie de lutter par des mesures législatives contre la force des choses. L'Inde est devenue un pays industriel ; l'élévation du change a remplacé pour elle les droits d'entrée dont Manchester a imposé l'abolition à l'administration anglo-indienne : aujourd'hui, ses tissus ont chassé de la Birmanie, de Singapoor, du Japon, de Hong-Kong et de Shanghaï les tissus du Lancashire. Il y a des industries qui sont irrévocablement perdues pour l'Angleterre. La ville écossaise de Dundee avait, il y a quelques années, le monopole de la fabrication des toiles de jute, si fort en usage dans l'extrême Orient ; mais le jute avait à supporter un premier fret de l'Inde en Europe à l'état de matière première et un second fret de Dundee dans l'Inde à l'état de tissu. L'économie de ce double fret a été un avantage suffisant pour permettre à l'Inde de fabriquer elle-même les toiles de jute dont elle a besoin. Que faire à cela et quelle législation monétaire remédiera à de pareils changements ?

Le plus à plaindre, en cette occurrence, est le gouvernement anglo-indien. Il perçoit tous ses revenus en argent, et il a des paiements considérables et obligatoires à effectuer en or. En 1877, les sommes employées à la construction des chemins de fer dans l'Inde s'élevaient déjà à 2,250 millions ; il a été également dépensé des sommes considérables pour des travaux de dessèchement et pour les canaux d'irrigation. Tous ces capitaux ont été demandés à l'Angleterre, soit que le gouvernement anglo-indien les ait empruntés directement, soit qu'il leur ait seulement donné sa garantie. Le remboursement de ces capitaux et le paiement des arrérages doit s'effectuer en or. Les intérêts de la dette indienne, la quote-part de l'Inde dans certaines dépenses de l'empire, les pensions de retraite des anciens fonctionnaires doivent être payés en Angleterre et, par conséquent, en or. L'administration de l'Inde doit, à ces titres divers, se procurer annuellement la somme de 375 millions en or. L'élévation du change entraîne donc pour elle une perte considérable qui pèse lourdement sur son budget ; et les particuliers subissent le contre-coup de la concurrence qui leur est faite sur le marché par l'administration. Le gouvernement anglais est en partie responsable de cet état de choses. Pour solder ses achats, l'Angleterre avait autrefois des envois importants d'espèces métalliques à faire dans l'Inde ; de 1868 à 1872, elle a ainsi expédié dans l'Inde un milliard en espèces métalliques or et argent, et 757,500,000 francs en traites. A cette dernière date, le gouvernement métropolitain a eu la pensée de créer, sous le nom de *council bills*, des traites en représentation des paie-mens que l'administration anglo-indienne avait à lui faire ; et il a vendu ces traites aux négociants anglais qui avaient des paiements à faire dans l'Inde. Il en est résulté que, de 1872 à 1876, les remises anglaises ont été faites, 412,500,000 francs en espèces métalliques et 1,262 millions en *council bills*. Le mouvement a continué et les *council bills* entrent, chaque année, pour trois cinquièmes dans les paiements que l'Angleterre fait dans l'Inde. Les centaines de millions que l'Inde ne reçoit plus en espèces auraient été demandées par l'Angleterre aux États-Unis ou au Mexique qui ont perdu à ce changement un important débouché.

Hâtons-nous de dire que le trouble n'existe que dans les relations entre l'administration anglo-indienne et la métropole : la population n'en souffre pas, les transactions à l'intérieur du pays continuent sur l'ancien pied. Le conseil des finances de l'Inde, dans un rapport sur la situation financière, constatait que « les valeurs actuelles, exprimées en argent, des marchandises d'un usage général, ne fournissent aucune preuve de diminution dans la valeur de l'argent. » Si le gouvernement est quelquefois embarrassé, le pays ne s'appauvrit pas et ne désire aucun changement.

Consultée sur la question monétaire, dans l'enquête de 1886, la chambre de commerce de Bombay vota, à une très grande majorité, la déclaration suivante : « Tout en reconnaissant les inconvénients des constantes variations du change, la chambre est d'avis, après avoir étudié la question sous toutes ses faces, que la baisse du change laisse une marge de bénéfice au commerce et à la population de l'Inde, et qu'il convient de laisser les choses suivre leur cours naturel. »

Le gouvernement anglais s'en est tenu jusqu'à présent au judicieux avis de la chambre de commerce de Bombay ; et tous ceux qui s'agitent aujourd'hui autour de la question de l'argent feraient sagement de suivre cet exemple. Il y a des courants qu'il ne faut pas essayer de remonter. Que les propriétaires des mines américaines en prennent leur parti ; l'argent traverse une période d'inévitable dépression. On avait pensé que la galvanoplastie lui offrirait un débouché illimité : voici qu'il rencontre, pour les usages domestiques, la concurrence victorieuse du nickel, d'un poli plus stable, d'un éclat plus brillant, d'une résistance supérieure à l'action de l'air et des acides. L'argenterie massive est démodée ; il en est mis, tous les ans, à la fonte pour des millions : la lourde orfèvrerie n'est plus recherchée qu'aux États-Unis et dans l'Inde, où les rajahs se font faire des trônes en argent massif. Si les États-Unis peuvent continuer pendant un certain temps à acheter, chaque année, la moitié de l'argent produit dans le monde entier, soit 1,679,400 kilogrammes sur 3,600,000, ils feront un usage peu judicieux de leurs magnifiques excédents budgétaires ; mais ils arriveront tout au plus à ralentir le mouvement de baisse, sans réussir à l'enrayer. La production continue, en effet, de s'accroître dans de grandes proportions, et aux États-Unis, de 1,900,000 kilogrammes en 1889, elle est montée à 2,200,000 kilogrammes en 1890. Les mines du Mexique sont également en progrès sensible : elles ont donné 852,000 kilogrammes en 1887-88, puis 994,000 kilogrammes en 1888-89 et 1,014,000 kilogrammes en 1889-90 ; les chiffres du dernier exercice ne sont pas encore connus. Comment les prix pourraient-ils se soutenir en face d'un pareil afflux du métal blanc ?

Est-ce à dire que le rôle monétaire de l'argent soit terminé ? Nous ne le pensons pas. Lorsque le gouvernement indien aura amorti les lourds emprunts qu'il a contractés en Angleterre, et auxquels il déclare ne vouloir rien ajouter, les *council bills* ne viendront plus prendre, dans le règlement des affaires commerciales, la place de plusieurs centaines de millions ; et le change s'améliorera. La question capitale, disait avec raison la commission d'enquête anglaise, est de savoir quelle quantité de produits l'Inde sera en mesure de livrer à l'Europe. L'Inde est demeurée, d'ailleurs, le consommateur le plus important et le plus régulier du métal blanc. Elle en a absorbé 879,000 kilogrammes en 1887, 1,122,000 kilogrammes en 1888, et 1,147,000 kilogrammes en 1889. Loin que la frappe de l'argent soit suspendue, la monnaie de Calcutta n'a pas cessé de frapper annuellement de 200 à 250 millions de pièces d'argent. Les hauts fonctionnaires de l'Inde qui ont comparu, soit devant le conseil des finances, soit dans les diverses enquêtes anglaises, ont été unanimes à affirmer que le pouvoir d'absorption de l'argent n'y avait point diminué, qu'il n'était point un Indien qui ne cherchât à thésauriser, et que la plus grande préoccupation des princes indigènes était d'accumuler dans leurs coures des masses énormes d'espèces monnayées. L'Indo-Chine commence aussi à offrir un débouché important ; des populations qui ne connaissaient d'autre monnaie que les *cauris* commencent à se servir de l'argent et à l'apprécier. La Chine n'a point encore de véritable monnaie, parce que le gouvernement impérial se refuse à en fabriquer. Il y a donc dans l'extrême Orient 600 millions d'hommes pour qui l'usage de la monnaie d'argent sera le premier pas dans la civilisation. Ne faudra-t-il pas aussi initier à l'usage de la monnaie ces populations africaines que nous prétendons arracher à leur barbarie native ? C'est de ce côté que viendra graduellement la réhabilitation de l'argent. Un sénateur des États-Unis, M. Beck, fatigué de discussions qui se renouvelaient tous les ans, sans aboutir, s'écriait un jour, en plein sénat : « Pendant que nous y sommes, nous devrions demander à Bismarck une recette pour nous débarrasser de notre monnaie d'argent, » Qui peut dire que ce ne sont pas les nègres qui rendront ce service aux Américains ?

Quant à ceux qui veulent chercher dans la question monétaire la clé de la dépression de l'agriculture et de l'industrie, qu'ils veulent bien réfléchir aux milliards d'or que les banques et les trésoreries de tous les grands pays entassent avec un soin jaloux ; qu'ils se disent que ces milliards de métal jaune donneraient un grand essor aux affaires s'ils restaient dans la circulation, au lieu d'être emmagasinés pour pourvoir à des guerres dont l'expectative pèse lourdement sur l'Europe entière. Qu'ils songent surtout à l'effroyable déperdition de travail et de richesse résultant de la présence sous les drapeaux de l'universalité de la jeunesse, qui, au lieu de produire, obère les États et les familles. Faut-il chercher d'autre cause que ce gaspillage insensé de richesses à la diminution des fortunes, et au resserrement de dépenses, et, par une conséquence forcée, à la baisse de tout ce qui n'est pas indispensable à l'existence ?

ISBN : 978-1721144723